한달완성

한국어 중급 I 말하기

연세대학교 한국어학당 편

연세대학교 대학출판문화원

한달완성
한국어 중급 I 말하기

편저자 연세대학교 한국어학당 교재편찬위원회
집필진 조현선·홍윤혜·이복자·박진원
펴낸곳 연세대학교 대학출판문화원
주소 서울특별시 서대문구 연세로 50
홈페이지 http://press.yonsei.ac.kr
연세대학교 대학출판문화원
전화 02)2123-3378~80
팩스 02)2123-8673
E-mail ysup@yonsei.ac.kr
등록 1955년 10월 13일 제9-60호
그림 이은황
인쇄 동호커뮤니케이션

2008년 6월 30일 1판 1쇄
2019년 4월 10일 1판 8쇄
ISBN 978-89-7141-828-4 (03710)

값 15,000원

머리말

한국어 교육의 50년 전통을 이어 온 연세대학교 언어연구교육원 한국어학당에서는 한국어 교육의 질을 높이기 위해 다양한 교재를 편찬해 왔다. 요즘 한국과 한국 문화에 대한 세계인들의 관심이 높아지고 한국어를 배우고자 하는 해외 동포와 외국인이 늘면서 한국어 교재에 대한 학습자들의 요구도 다양해졌다. 이에 따라 연세대학교 언어연구교육원 한국어학당에서는 한국어 중급 학습자를 위해 말하기, 듣기, 쓰기 능력을 강화할 수 있는 교재를 출간하게 되었다. 이들 교재는 학습자들이 한국어를 배우면서 부족하다고 느끼는 기술별 한국어 능력을 보충할 수 있도록 하기 위해 만들어졌다. 각 교재는 학습자들이 필요와 목적에 따라 선택하여 집중적으로 기술별 한국어 능력을 향상할 수 있도록 구성되었다.

언어 교육은 목표 언어를 통한 의사소통 능력을 향상시키고 그 언어가 속한 사회와 문화를 이해하는 데 그 목적이 있다. 이를 위해서는 일정 수준의 언어 능력이 우선되어야 할 것이다. 이 교재는 짧은 시간에 기술별 한국어 능력을 강화시키고자 하는 학습자들에게 많은 도움이 될 것이며 한국어학당에서 출간된 회화 중심의 교재와 더불어 한국어 교육에 큰 몫을 담당하리라고 본다.

이들 교재는 한국어 중급 학습자를 위한 기술별 교재로는 첫 번째 시도인 만큼 부족한 부분도 있으리라 생각한다. 연세대학교 언어연구교육원 한국어학당 교재편찬위원회는 앞으로도 학습자들의 요구에 부응하는 보다 나은 교재를 개발하기 위해 최선을 다할 것이다.

연세대학교 언어연구교육원
한국어학당 교재편찬위원회

일러두기

- **한달완성 한국어 중급 I 말하기**는 초급 과정을 마친 한국어 학습자들이 말하기 기능에 바탕을 둔 다양한 상황 표현을 활용한 연습을 통하여 한국어 말하기 능력을 향상시키는 데 도움을 주고자 개발하였다.

- 본 교재는 한국어 능력 목표 중급 I 수준의 내용으로 구성되어, 일상생활에서 자신의 의견을 구체적으로 표현할 수 있고, 자신의 감정을 적절히 표현하며, 기본적인 공공 업무를 처리할 수 있는 수준의 말하기 활동 내용을 담고 있다.

- 본 교재는 10개의 대주제 아래 20개의 소주제와 그에 따른 총 20개의 과로 이루어져 있다. 각 과는 주제, 제목, 학습 목표, 도입 그림 및 질문, 말하기 활동 I, II, III으로 구성되어 있으며, 말하기 활동 II에는 상황 표현이 제시되어 있다. 그리고 교재 뒷부분에 교사 지침서와 어휘 색인이 있다.

  - **주제**는 대주제와 소주제로 구성되어 있는데, 대주제는 그것과 관련이 있는 2개의 소주제를 가지며, 소주제로 각 과를 구성하였다. 따라서 본 교재는 각 과가 독립적이면서도 주제 면에서 두 과씩 관련이 있어 구성의 유기적 연계성을 지닌다.

  - **각 과의 제목**은 그 과의 주제와 기능을 드러내는 표현으로 구성되어 있다.

  - 각 과의 **학습 목표**는 그 과에서 학습자들이 학습해야 할 말하기 기능을 중심으로 제목 아래에 제시하였다.

  - **도입 그림**은 각 과의 첫 페이지에 제시되며, 주제와 관련이 있는 그림 네 개를 실어 주제에 대한 흥미를 유발시키고, 학습자의 다양한 이야기 거리를 이끌어 낼 수 있도록 하였다. 또한 그림 아래에는 말하기 활동을 도울 수 있는 도입 질문을 세 개씩 제시하였다.

  - **말하기 활동**은 총 세 개의 활동으로 구성되어 있다. 각각의 단계는 독립적인 과제로 구성되어 있으면서 수업 활동에서 서로 연계성을 가진다.

    * **활동 I**은 주제와 관련하여 학습자들의 말하기를 활성화하는 도입의 성격을 지닌 활동으로서 교사가 학습자 전체를 대상으로 진행하는 전체 활동이 주를 이룬다.

    * **활동 II**는 그 과에서 가장 중심이 되는 활동으로서 특정 상황에서 필요한 말하기 활동이 과제로 제시되어 있다. 또한 말하기 과제 활동 전에, 과제에 적절한 상황 표현을 제시하여 학습자들의 말하기 활동에 도움을 주고자 하

였다. 이 상황 표현은 '장소를 추천할 때', '문의할 때', '요청할 때' 쓰는 상황 표현 등의 기능 중심으로 이루어져 있어서 학습자들이 실제 생활에서도 참고하여 사용하기 좋은 실생활 표현으로 구성되어 있다. 활동Ⅱ 과제는 이러한 상황 표현을 활용하여 학습자들이 활동의 주체가 되어 말할 수 있도록 구성되어 있으며, 짝 활동, 조 활동, 전체 활동 등으로 이루어져 있다.

* **활동Ⅲ**은 주제와 관련하여 말하기 활동의 마무리 성격을 지닌 활동으로서 교사가 학습자 전체를 대상으로 진행하는 전체 활동으로 구성되어 있다.

- **교사 지침서**는 각 과의 수업 방법에 대한 상세한 설명과 체크리스트로 구성되어 있다. 체크리스트는 학습자들의 말하기 활동에 대한 평가 지침서로서 말하기 활동Ⅱ에 대한 평가표이다. 학습자의 말하기 평가에 대한 지침을 마련함으로써 학습자에게 피드백을 제공할수 있게 하였으며, 이는 학습자의 말하기 능력의 향상을 가져올 수 있다.

- **어휘 색인**에는 각 과에서 제시한 어휘 목록뿐만 아니라 활동에서 쓰인 주요 어휘들을 가나다순으로 정리하여 그 어휘가 실려 있는 쪽수와 함께 제시하였다.

● 본 교재는 연세 한국어 1, 2, 3의 어휘와 문법을 반영하였다.

내용 구성

대주제	소주제	과	제목	학습 목표
만남	자기소개	1	자기소개를 해 봅시다	여러 사람들에게 자기 자신을 소개할 수 있다
	첫 만남	2	이렇게 만나게 되어서 반갑습니다	다양한 상황에서 처음 만나는 사람과 자연스럽게 인사하면서 대화할 수 있다
일상 생활	외출	3	그 카페가 분위기가 좋던데 한번 가 보세요	외출하기 좋은 장소를 적절한 이유와 함께 추천할 수 있다
	쇼핑	4	할인 매장에 가면 싸게 살 수 있어요	쇼핑 장소를 비교하고 각 장소의 특성에 맞게 물건을 살 수 있다
공공 생활	학교 시설 이용	5	그곳을 이용하려면 어떻게 해야 돼요?	학교 시설 이용에 대한 문의를 할 수 있다
	공공시설 이용	6	창가 자리로 해 주시겠어요?	공공시설을 이용할 때 원하는 것을 요청할 수 있다
날씨와 생활	일기예보	7	오늘 같은 날씨에는 파전 먹으러 가는 게 어때요?	날씨에 따라 달라지는 생활의 계획을 말할 수 있다
	여행	8	시원한 바닷가로 가는 게 좋지 않아요?	자신과 생각이 다른 사람을 설득할 수 있다
경험	추억	9	그 선생님은 마음이 따뜻한 분이셨어요	추억 속에 남아 있는 사람이나 장소를 묘사할 수 있다
	한국 생활	10	찜질방이 참 신기했어요	자기 나라의 생활과 한국 생활의 차이점을 말할 수 있다

대주제	소주제	과	제목	학습 목표
대인 관계	모임	11	주말에 생일 파티를 하려고 하는데 올 수 있어요?	모임에 초대받았을 때 초대를 받아들이거나 거절할 수 있다
	고민과 상담	12	다시 한번 잘 생각해 보고 결정하세요	다른 사람의 고민을 듣고 조언해 줄 수 있다
이웃과 사회	이웃	13	저녁 시간에는 좀 조용히 해 주셨으면 해요	불편 사항이 있을 때 상대방에게 부드럽게 불편한 점을 말할 수 있다
	세상 소식	14	마음이 따뜻해지는 뉴스를 들은 적이 있어요?	이야기를 듣거나 읽고 다른 사람에게 그 이야기를 전할 수 있다
사회 생활	호칭	15	선생님, 부탁드릴 게 있어서 찾아왔는데요	다른 사람을 만나서 이야기할 때 적절한 호칭과 존대법을 사용하여 말할 수 있다
	직장	16	다음 주에 휴가를 가도 될까요?	개인 사정이 있을 때 상대방에게 이유를 말하고 허락을 구할 수 있다
한국 문화	속담	17	원숭이도 나무에서 떨어질 때가 있다고 하잖아요	한국의 속담을 상황에 맞게 인용할 수 있다
	놀이	18	그 놀이에 대해서 좀 더 자세히 알고 싶은데요	알고 싶은 것이 있을 때 원하는 정보를 구할 수 있다
시간과 변화	유행	19	요즘은 짧은 치마가 유행이에요	유행하는 것에 대해서 자신의 의견을 말할 수 있다
	발전	20	저는 휴대 전화가 꼭 필요하다고 생각합니다	생활의 발전이 가져온 좋은 점과 나쁜 점을 주장할 수 있다

차례

자기소개 1과 자기소개를 해 봅시다

학습 목표 여러 사람들에게 자기 자신을 소개할 수 있다.

같이 이야기해 봅시다.

- 자기소개를 할 때 무슨 이야기를 하세요?
- 자기소개가 왜 중요하다고 생각하세요?
- 자신만이 가지고 있는 특별한 자기소개 방법이 있어요?

1

활동 I 두 사람이 짝이 되어 묻고 대답해 봅시다.

1. 이름이 뭐예요? 어디에서 왔어요?	
2. 왜 한국말을 배워요? 한국말을 배울 때 무엇이 가장 어려워요?	
3. 한국에 오기 전에 무엇을 했어요? 앞으로 무슨 일을 하고 싶어요?	
4. 좋아하는 것이 뭐예요? 주말이나 시간이 있을 때 무엇을 해요?	
5. 방학 때 무엇을 해요?	

활동 Ⅱ 자기 자신을 생각하면 떠오르는 것을 세 가지 말하고 그것으로 자기소개를 해 봅시다.

자기소개를 할 때 쓰는 상황 표현

- 저는 시간이 있을 때 ________________는 것을 좋아합니다.
- 제가 잘 하는 것은 ________________입니다.
- 저는 ________________는/은/ㄴ 편인데 이것은 때에 따라 장점이 되기도 하고 단점이 되기도 합니다.
- 제가 좋아하는 사람은 ________________는/은/ㄴ 사람입니다.
- 앞으로 ________________을/ㄹ 계획입니다.

보기

제 자신을 생각하면 **'호기심이 많다'**, **'여행'**, **'유학'**이라는 세 가지가 떠올라요. 저는 어렸을 때부터 호기심이 많은 편이었어요. 모르는 것이 있으면 알 때까지 물어봤어요. 그렇지만 가끔 주위 사람들이 귀찮아할 때도 있어서 **이것은 때에 따라 장점이 되기도 하고 단점이 되기도 해요. 저는 시간이 있을 때 여행하는 것을 좋아하는데** 이것도 호기심 때문인 것 같아요. 대학교 때 해외여행을 처음 갔는데 그때 새로운 세계를 알게 되었어요. 그리고 거기에서 만난 한국 친구 덕분에 한국에 왔어요. 한국에서의 유학 생활은 즐겁고 재미있어요. 특별한 일이 없으면 6급까지 **공부할 계획이에요.**

어휘 떠오르다 장점 단점 호기심 게으르다

활동 Ⅲ 자신의 물건 중에서 소중하게 생각하는 물건을 소개하고 그 이유를 말해 봅시다.

• 옷	• 책	• 가방
• 일기장	• **휴대 전화**	• 악기
• 라디오	• 액세서리	• 사진
• 카메라	• 축구공	• 기념품
•	•	•
•	•	•

보기

제가 가장 소중하게 생각하는 물건은 휴대 전화예요. 저는 친구가 많고 친구들을 아주 좋아해요. 제 휴대 전화에는 많은 친구들의 전화번호와 생일, 약속 날짜와 시간 등이 들어 있어요. 휴대 전화는 저같이 친구가 많은 사람에게는 아주 중요한 물건이에요. 그래서 아침에 일어나자마자 하는 일도 휴대 전화를 보는 일이에요.

어휘 소중하다

첫 만남 2과 이렇게 만나게 되어서 반갑습니다

학습 목표 다양한 상황에서 처음 만나는 사람과 자연스럽게 인사하면서 대화할 수 있다.

같이 이야기해 봅시다.

- 처음 만난 사람에게 어떤 이야기로 말을 거나요?
- 처음 회사에 출근해서 자기소개를 할 때 어떤 인사말을 할까요?
- 비행기나 기차를 오래 타고 갈 때 처음 만난 옆 자리의 사람과 어떤 대화를 해요?

어휘 말을 걸다

2

활동 I **여러분은 어디에서 새로운 사람을 만납니까? 요즘 있었던 새로운 만남에 대해 이야기해 봅시다.**

길에서

학교에서

식당에서

하숙집에서

?

만난 사람 / 질문	(보기) 친구의 여자 친구		
• 어디에서 만났습니까?	식당에서		
• 누가 먼저 말을 걸었습니까?	친구가 소개시켜 주었어요. 그리고 제가 먼저 인사말을 했어요.		
• 처음 만났을 때 어떤 말로 대화를 시작했습니까?	안녕하세요? 말씀 많이 들었어요. 한번 만나 뵙고 싶었어요.		

활동 II 다음 상황에 맞는 대화를 만들어서 역할극을 해 봅시다.

처음 대화를 시작할 때 쓰는 상황 표현

- 안녕하세요? 반갑습니다. 저는 ______________ 입니다.
- 이번에 입사한 ______________ 입니다.
  이렇게 좋은 분들과 같이 일하게 되어 정말 기쁩니다.
- 새로 들어온 ______________ 입니다. ______________ 에서 왔고요, 같이 재미있게 지냈으면 좋겠어요.
- 이번에 입학한 새내기 ______________ 입니다. 정말 좋아서 들어왔는데, 모르는 게 너무 많습니다. 많이 가르쳐 주세요. 열심히 배우겠습니다.
- 서울 가세요? 여행가시는 거예요?
- 날씨가 참 덥지요?/춥지요?
- 저, 어디에서 오셨어요?
- 저기요, 뭐 좀 물어 봐도 될까요?
- 여기 앉아도 될까요?

보기 • **첫 수업시간, 한국어 선생님과 학생들의 만남** •

선생님 : 여러분, **안녕하세요?**

학생들 : 선생님, 안녕하세요?

선생님 : **저는** 이번 한 학기 동안 여러분과 같이 공부할 **김미선입니다.** 만나서 **반갑습니다.**

학　생 : 네, 만나서 반갑습니다.
선생님, 3급에서는 어떤 것을 배우나요? 한국말이 점점 어려워지는데, 이번 학기에 배울 한국말도 많이 어려운가요?

선생님 : 이번 학기 프로그램에 대해서는 제가 조금 이따가 설명하겠습니다. 그리고 즐거운 마음으로 열심히 하면 그렇게 어렵지 않을 거예요.

어휘 입사하다　새내기

학교 동아리에 처음 들어간 날, 신입생과 동아리 선배와의 만남

한국으로 오는 비행기 안에서 옆 자리에 앉은 사람과의 만남

회사에 입사해서 첫 출근하는 날, 신입 사원과 회사 동료들과의 만남

처음 한국에 와서 하숙집을 구해 이사한 날, 하숙집에 들어 온 학생과 다른 하숙생들과의 만남

활동 Ⅲ **사람을 처음 만났을 때 중요하게 보는 것은 무엇입니까? 그것에 대해서 같이 이야기해 봅시다.**

- 태도
- 말투
- **옷차림**
- 신발
- 이야기내용

보기

저는 사람을 처음 만나면 그 사람의 옷차림을 먼저 봐요. 그 사람이 비싼 옷을 입었는지, 패션 감각이 있는지가 중요한 것이 아니라 깔끔하게 옷을 입었는지를 중요하게 생각해요. 사람의 옷차림에서 그 사람의 생활 태도를 알 수 있거든요. 부지런하고 생활을 잘 하는 사람이 옷차림도 깔끔하다고 생각해요.

어휘 말투 깔끔하다 부지런하다

외출 3과 그 카페가 분위기가 좋던데 한번 가 보세요

학습 목표 외출하기 좋은 장소를 적절한 이유와 함께 추천할 수 있다.

같이 이야기해 봅시다.

- 친구들과 만날 약속을 했을 때 약속 장소로 좋은 곳은 어디인가요?
- 숙제를 하기 좋은 카페나 데이트하기 좋은 장소를 아세요?
- 날씨가 좋은 오후에 외출하고 싶으면 어디에 가세요?

3

활동 I 우리는 날마다 또는 가끔 외출을 합니다. 외출에 대해서 서로 이야기해 봅시다.

질문	대답 (보기)
외출할 때 제일 신경 쓰는 것은 뭐예요?	제가 제일 신경 쓰는 것은 옷차림이에요. 제가 가는 곳하고 잘 어울리는 옷차림이 어떤 것일까 항상 생각해요. 시장에 갈 때와 멋진 곳에서 저녁 식사 약속이 있을 때의 옷차림은 다르니까요.
외출할 때 준비하는 시간은 얼마나 걸려요?	누구를 만나는지, 어디에 가는지에 따라 달라요. 보통 슈퍼에 갈 때는 5분 정도 걸리고 데이트할 때는 한 30분 이상 걸리는 것 같아요.
외출할 때 뭘 가지고 가요?	장소마다 다르지만 보통 저는 간단하게 메모하는 습관이 있어서 수첩을 항상 가지고 다녀요. 물론 휴대전화하고 지갑도 가지고 다니고요.
집에 있을 때와 뭐가 달라요?	화장을 하는 것이 다르지요. 그리고 구두를 신을 때가 많으니까 밖에 오래 있으면 좀 불편해요.

활동 II 적당한 외출 장소를 추천해 봅시다.

1. 보기와 같이 적당한 장소를 추천하는 대화를 해 봅시다..

장소를 추천할 때 쓰는 대화 상황 표현

- ________는/은/ㄴ 곳이면 좋겠지요?
- ________던데 ________은/는 어때요?
- ________는/은/ㄴ 곳으로는 ________이/가 최고예요.
- 그 곳은 ________기 진짜 좋은 곳이에요.
- ________으니까/니까 거기에 가면 좋을 거예요.

- 그것 참 좋은 생각이군요.
- 그래요, 거기에 가면 되겠네요.
- 맞아요, 거기가 좋겠어요.
- 아, 그런 좋은 곳이 있었군요.
- 거기가 정말 그렇게 좋아요? 그럼, 오늘 한번 가 볼까요?

어휘 신경 쓰다

보기 • **친구와 만나기 좋은 장소를 추천할 때** •

왕리 : 우리 반 친구들이 오늘 저녁에 만나서 반 모임을 하기로 했는데 어디에서 만나면 좋을까?

유끄 : 글쎄, 누구나 쉽게 **찾을 수 있는 곳이면 좋겠지?**

왕리 : 그래, 아직 서울 길을 잘 모르는 친구들도 있으니까 모이기 좋은 곳이어야 해.

유끄 : 그럼, 신촌 백화점 정문 앞은 **어때?** 그곳은 지하철역에서 가깝고, 큰 건물이니까 누구나 쉽게 찾을 수 있을 거야. 지난번에 가 보니까 의자도 있어서 기다리기가 편하던데.

왕리 : **맞아, 거기가 좋겠다.** 역시 너는 많이 다녀 봐서 잘 아는구나.

어휘 추천하다

2. 다음 세 사람 중 한 명을 선택하여 그 사람이 가면 좋을 것 같은 장소를 추천해 보십시오.

메이 ● 중국에서 온 20대 여학생
- 쇼핑을 좋아한다.
- 특히 액세서리나 화장품에 관심이 많다.
- 여기저기 돌아다니는 것을 즐긴다.

타이코 ● 일본에서 온 40대 아주머니
- 평소 한국 드라마를 자주 보고 한국 배우들을 좋아한다.
- 한국에 대한 관심이 많다.

마이클 ● 미국에서 온 20대 남학생
- 음악과 춤을 좋아한다.
- 맥주를 잘 마신다.
- 사람들이 많이 모이는 곳을 좋아한다.

보기 ●

저는 메이 씨에게 명동을 추천하고 싶어요. 명동은 지하철 명동역에서 내려서 들어가면 되니까 서울 길을 잘 모르는 사람도 쉽게 찾을 수 있고, 여러 가지 물건을 파는 가게도 많으니까 구경하기에 좋을 거예요. 특히 다양한 액세서리나 화장품 가게가 있고 중국말을 하는 점원도 있어서 쇼핑하기 편리해요. 값도 비싸지 않은 편이어서 학생도 쉽게 살 수 있어요.

어휘 돌아다니다 점원

활동 Ⅲ 여러분은 다음과 같은 날에 어디에 가고 싶습니까? 특별한 날, 특별한 외출에 대해서 이야기해 봅시다. 다음의 주제 중에서 한 가지를 선택하십시오.

- 시험이 끝난 날
- 여자 친구(남자 친구)의 생일날
- **기분 전환하고 싶은 날**

보기

저는 기분 전환하고 싶은 날은 호수 공원에 가요. 우리 집에서 좀 멀어서 자주 가지 못하지만 경치가 아름답고 자전거를 탈 수 있어서 참 좋아요. 햇빛이 빛나는 호수와 싱싱한 나무들을 보면 기분이 상쾌해지고, 자전거를 타고 달리면 답답했던 마음도 없어져요. 가까운 곳을 자주 산책하는 것도 좋지만, 이렇게 가끔 시간을 내서 가면 그곳이 더 소중하게 느껴지는 것 같아요.

어휘 기분 전환 호수

쇼핑 **4과**

할인 매장에 가면 싸게 살 수 있어요

학습 목표 쇼핑 장소를 비교하고 각 장소의 특성에 맞게 물건을 살 수 있다.

같이 이야기해 봅시다.

- 주로 어디에서 쇼핑을 하세요?
- 쇼핑 정보는 어디에서 구하세요?
- 쇼핑을 할 때 한국말을 잘 못해서 당황한 적이 있었어요?

활동 I 자주 가는 쇼핑 장소를 소개하고 그 이유를 말해 봅시다.

보기

저는 집 근처에 있는 대형 할인 매장에 자주 가는 편이에요. 대형 할인 매장은 여러 가지 물건을 한 장소에서 살 수 있고 다른 가게에 비해서 값도 더 싸거든요. 특히 친구를 초대해서 음식을 많이 만들 때 많은 양의 재료를 싸게 살 수 있어서 아주 좋아요. 그런데 항상 많은 양만 팔기 때문에 적은 양의 재료는 사기가 어려워요. 그래서 조금 살 때는 근처 시장이나 백화점에 가요.

어휘 대형 할인 매장

활동 II 쇼핑 장소의 특성을 비교하고 역할극을 해 봅시다.

1. 다음 쇼핑 장소에서 옷을 살 때 다른 점은 무엇입니까?

쇼핑 장소	특성
백화점	• 수선을 무료로 해 주는 곳이 많다. • •
시장	• 옷을 입어 볼 수 없는 곳이 많다. • •
상설 할인 매장	• 작년 상품을 50~70% 할인한다. • •

2. 다음 중 하나를 고른 후 점원과 손님이 되어 각 쇼핑 장소의 특성에 맞는 대화를 만들어 봅시다.

옷을 살 때 쓰는 대화 상황 표현

- 찾으시는 디자인이 있어요?
- 누가 입으실 거예요?
- 이 디자인은 어때요?
- 치수가 어떻게 되나요?
- 이게 요즘 유행하는 디자인이에요.
- 한번 입어 보세요.
- 1주일 안에 가져오시면 교환해 드려요.
- 환불은 안 돼요.
- 수선은 따로 하셔야 돼요.

- 이 디자인으로 다른 색은 없어요?
- 입어 봐도 돼요?
- 어디에서 갈아 입어요?
- 이것보다 한 치수 큰(작은) 걸로 주세요.
- 수선을 해 주나요?
- 길이를 좀 늘여/줄여 주세요.
- 이 옷에 어울리는 셔츠 좀 보여 주세요.
- 나중에 교환/환불할 수 있어요?
- 다른 데도 좀 보고 올게요.

어휘 상설 할인 매장　수선하다　교환하다　환불하다

보기 ● **백화점에서 바지를 사는데 길이가 길 때** ●

점원 : 어서 오세요. 뭘 찾으세요?

손님 : 바지를 사려고 하는데요.

점원 : **누가 입으실 거예요?**

손님 : 제가 입을 건데요.

점원 : 이 바지는 어때요? **이게 요즘 유행하는 디자인이에요.**

손님 : **입어 봐도 돼요?**

점원 : 물론이에요. **치수가 어떻게 되나요?**

손님 : 28이에요.

– 잠시 후 –

손님 : 입어 보니까 바지 길이가 긴데 **길이를 좀 줄여 주세요.**

점원 : 알겠습니다. 그런데 수선을 하려면 1주일쯤 걸려요.

손님 : 괜찮아요.

백화점에서 선물로 티셔츠를 살 때

시장에서 자기가 입을 바지를 살 때

상설 할인 매장에서 겨울 코트를 사는데 길이가 길 때

활동 Ⅲ 여러분만이 알고 있는 쇼핑 정보가 있습니까? 좋은 쇼핑 정보를 친구들과 이야기해 봅시다.

- 물건 값을 깎는 방법
- 인터넷 쇼핑을 싸게 하는 방법
- **쇼핑할 때 절약을 할 수 있는 방법**
- 동대문 시장에서 쇼핑을 잘 하는 방법
- 아주 큰 옷이나 큰 신발을 살 수 있는 곳

보기

저는 쇼핑할 때 절약을 할 수 있는 방법에 대해서 이야기하고 싶어요. 먼저 쇼핑하기 전에 식사를 하세요. 배가 고프면 필요하지 않은 물건을 살 수도 있거든요. 그리고 쇼핑할 물건을 적어 가세요. 야채, 생선, 고기를 살 때는 가게 문을 닫기 전이나 주말 오후를 이용하면 좀 더 싸게 살 수 있어요. 참, 쿠폰을 이용하는 것도 잊지 마세요.

어휘 절약하다

학교 시설 이용

5과 그곳을 이용하려면 어떻게 해야 돼요?

학습 목표 학교 시설 이용에 대한 문의를 할 수 있다.

같이 이야기해 봅시다.

- 학교에서 자주 이용하는 곳이 어디예요?
- 학교 시설을 이용하고 싶어서 문의를 한 적이 있나요?
- 문의를 하는 방법으로는 어떤 것이 있을까요?

어휘 시설 문의하다

5

활동 I 다음과 같은 곳을 이용하고 싶을 때 무엇을 물어보면 좋을까요?

시설	문의 내용
한국어학당 사무실	• 등록금은 언제까지 내야 해요? • 학생증을 잃어버렸는데 어떻게 하지요? •
도서관	• 책을 몇 권 빌릴 수 있나요? • 언제까지 돌려 줘야 하나요? •
수영장	• 몇 시부터 몇 시까지 이용할 수 있어요? • •
	• • •

활동 II 다음 상황에 맞게 대화를 만들어 봅시다.

문의할 때 쓰는 상황 표현

- 뭐 좀 문의하려고 하는데요.
- 말씀 좀 묻겠습니다.
- 뭐 좀 알고 싶어서 왔는데요. / 뭐 좀 여쭤 보려고 전화 드렸는데요.
- ______________으려면/려면 어떻게 해야 돼요?
- 혹시 ______________을/ㄹ 수 있어요?
- 누가 이용할 수 있어요? 아무나 다 이용할 수 있나요?
- 이용 시간은 어떻게 돼요? / 몇 시부터 몇 시까지 이용할 수 있어요?

에릭 씨는 연세대학교 시설을 이용하고 싶어 합니다. 그런데 연세대학교 안내 책자를 받지 못해서 전화로 문의하려고 합니다. 보기와 같이 에릭과 담당자가 되어 대화를 만드십시오.

보기

한국어학당 상담실 이용 안내

1. 언어 교환 프로그램

- 대상 : 한국말을 배우는 외국인 학생
- 신청 방법 : 상담실에서 신청서 작성
- 오리엔테이션
  - 시간 : 4월 20일(화) 2시
  - 장소 : 한국어학당 대강당

※ 언어 교환을 원하는 학생은 오리엔테이션에 꼭 참석해야 함.

선생님 : 연세대학교 한국어학당 상담실입니다.
에　릭 : 여보세요? 저, 언어 교환 프로그램에 대해 **여쭤 보려고 전화했는데요.**
선생님 : 한국어학당 학생이에요?
에　릭 : 네, 3급 학생입니다.
선생님 : 어느 나라 학생인가요?

에 릭 : 저는 미국 학생이에요. 영어하고 한국말 언어 교환을 하고 싶은데요.
언어 교환을 **하려면 어떻게 해야 돼요?**

선생님 : 먼저 상담실로 오셔서 신청서를 작성하고, 오리엔테이션에 참석해야 돼요.

에 릭 : 오리엔테이션은 언제 있나요?

선생님 : 다음 주 화요일 2시에 할 예정입니다. 장소는 대강당이고요.

에 릭 : 알겠습니다. 그럼 내일 상담실에 가서 신청하겠습니다.
감사합니다. 안녕히 계세요.

도서관 이용 안내

- 일반 열람실(지하 1층, 1층, 6층)에서는 자유롭게 공부할 수 있으며 1층 일반 열람실은 항상 24시간 열려 있음.
- 전자 정보실(1층)에서 인터넷으로 전자 저널 정보를 찾아볼 수 있음.
- 참고 열람실(4층)에서는 신문과 사전, 지도, 논문 등을 볼 수 있으며 복사할 수 있음.
- 멀티미디어 자료실(6층)에는 비디오, 오디오 시설이 있음. 비디오 수업을 위한 강의실도 있음.

기숙사 이용 안내

- 방은 선착순으로 배정됨.
(한국에 아는 사람이 없거나 한국을 처음 방문하는 학생에게 먼저 제공함.)
- 기숙사비는 하루에 12,000원임.
- 방은 2인 1실이며, 학생에게 각각 침대, 책상, 책장, 침대 시트가 제공됨.
- 세탁실과 샤워 시설은 같이 사용함.
- 시계, 오디오, 전기 면도기, 헤어드라이기를 사용할 수 있음.
- 흡연과 음주는 기숙사 안에서 할 수 없음.

어휘 신청하다 작성하다 제공하다

활동 Ⅲ 다음 학교 안내 게시판을 보고 친구에게 그 내용을 안내해 주십시오.

산을 사랑하는 사람들의 모임

- 한 달에 두 번 등산 (둘째, 넷째 주 토요일)
- 시험 기간이나 방학에는 날짜가 달라질 수 있음.
- 평일에는 산에 대한 정보 교환, 사진 정리
- 연락처 : 010-2248-□□□□

커피 향기

향긋한 커피와 맛있는 샌드위치가 있는 카페 식당

* 장소 : 국제학사 1층
* 여는 시간 : 오전 7:30
* 닫는 시간 : 오후 9:00
* 여러 가지 샌드위치, 파스타, 샐러드, 스프가 준비되어 있음.
* 금요일 6시 이후 생일 파티 예약 가능.

한국 영화를 보세요

- 언제 : 매주 수요일 1:40
- 어디에서 : 언어교육원 대강당(121호)
- 무엇을 : 최근에 상영한 재미있는 한국 영화
- 종류 : 드라마, 액션 영화, 코미디

* 영화도 보고 한국어도 배워요!!

어휘 게시판

공공시설 이용

6과 창가 자리로 해 주시겠어요?

학습 목표 공공시설을 이용할 때 원하는 것을 요청할 수 있다.

같이 이야기해 봅시다.

- 자주 가는 공공시설은 어디예요?
- 박물관에서는 무엇을 요청할 수 있나요?
- 어떤 것을 요청할 때 한국말이 서툴러서 답답한 적이 있었어요?

어휘 요청하다

활동 I 여러분은 공공시설에서 무엇을 요청한 적이 있습니까? 요청한 경험과 그 이유를 이야기해 봅시다.

호 텔	박물관	은 행
극 장	병 원	공 항
지하철역	경찰서	우체국

보기

저는 이모가 한국에 계시는데 제가 처음 한국에 왔을 때 이모가 수표로 용돈을 주신 적이 있었어요. 용돈을 주신 건 아주 고마웠지만 수표는 사용하기가 불편했어요. 보통 물건을 사거나 택시를 탈 때 수표보다는 현금이 더 편하기 때문이지요. 그래서 은행에 가서 수표를 현금으로 바꿔 달라고 한 적이 있었어요.

어휘 수표

활동 Ⅱ 공공시설을 이용할 때 원하는 것을 요청해 봅시다. 다음 중 하나를 골라 상황에 맞는 대화를 만들어 보십시오.

요청할 때 쓰는 상황 표현

- ______________으로/로 해 주세요.
- ______________고 싶은데 그렇게 해 주실 수 있어요?
- 제가 ______________어서/아서/여서 그러는데 ______________어/아/여 주시겠어요?
- 죄송하지만 ______________는데/은데/ㄴ데 어떻게 하죠?
  ______________어/아/여 주시겠어요?
- 잘 모르겠어요. 다시 한번 설명해 주세요.

보기 ● 여행사에서 여행 상품을 신청할 때 ●

피터(27살, 학생)

방학 때 제주도에 가려고 여행사에 갔다. 방학 때 가기 때문에 어느 요일에 출발해도 괜찮지만 방을 혼자 쓰고 싶어 한다.

- 출발하는 요일에 따라서 값이 다름.
  (주말에 출발하면 더 비쌈)
- **방을 혼자 쓸 수 있음. (돈을 더 내야 함)**
- 카드나 현금으로 계산함.

직원 : 어서 오세요. 어떻게 오셨어요?

피터 : 2박 3일로 제주도에 가는 여행 상품을 신청하려고 하는데요.

직원 : 그 상품은 출발하는 요일에 따라서 값이 달라요. 주말에 출발하는 것은 좀 더 비싸요.

피터 : 그럼, 다음 주 월요일에 떠나는 것으로 해 주세요.

직원 : 네, 알겠습니다. 7월 5일 월요일로 예약해 드리겠습니다.

피터 : 그런데 **제가 모르는 사람과 방을 같이 쓰는 게 불편해서 그러는데 방을 혼자 쓰게 해 주시겠어요?**

직원 : 네, 하지만 그렇게 하려면 돈을 좀 더 내셔야 해요.

피터 : 괜찮으니까 그렇게 해 주세요.

상황 1) 여행사에서 비행기 표를 살 때

제시카(28살, 선생님)

다음 주에 언니 결혼식이 있어서 미국에 갔다 와야 한다. 그래서 비행기 표를 사러 여행사에 갔다. 그런데 제시카는 고기를 먹지 못한다.

- 여권이 있어야 함.
- 원하는 항공사를 물어 봄.
- **먹지 못하는 음식이 있으면 다른 음식으로 부탁할 수 있음.**
- 카드나 현금으로 계산함.

상황 2) 서울 출입국 관리 사무소에서 외국인 등록증을 신청할 때

다나까(24살, 학생)

한국에 온 지 한 달이 되었지만 아직 외국인 등록증이 없다. 그래서 오늘 출입국 관리 사무소에 신청을 하러 갔다. 하지만 요즘 너무 바빠서 나중에 찾으러 올 시간이 없다.

- 여권, 신청서, 재학 증명서, 사진 두 장이 필요함.
- 지하에 가서 인지를 사 와야 함.
- 받을 때까지 열흘쯤 걸림.
- **택배로 받을 수 있음.(도착 후 돈을 내야 함)**

상황 3) 대리점에서 휴대 전화를 바꿀 때

리리(38살, 회사원)

휴대 전화가 오래돼서 지금 사용하고 있는 휴대 전화를 바꾸러 대리점에 갔다. 그런데 쓰던 휴대 전화에 저장된 번호가 많아서 새 휴대 전화로 옮기고 싶어 한다.

- 신분증이 있어야 함.
- 신청서를 쓰고 신분증을 보여 줌.
- **쓰던 휴대 전화에 저장된 번호를 새 휴대 전화로 옮겨 줌.**
- 카드나 현금으로 계산함.

어휘 외국인 등록증 택배 저장되다 옮기다

활동 Ⅲ 공공시설을 이용하는 방법이 여러분 나라와 어떻게 다른지 이야기해 봅시다.

극 장	호 텔	은 행
병 원	약 국	도서관

보기

한국하고 제 고향은 극장을 이용하는 방법이 달라요. 한국에서는 영화를 볼 때 영화표에 좌석 번호가 쓰여 있기 때문에 꼭 그 자리에 앉아서 영화를 봐야 해요. 표를 살 때 자기가 좋아하는 자리를 고를 수는 있어도 한 번 자리가 정해지면 바꿀 수 없어요. 하지만 제 고향에서는 영화표에 좌석 번호가 없어요. 일찍 들어가는 사람이 자기가 앉고 싶은 자리에 앉아요.

일기예보 7과 오늘 같은 날씨에는 파전 먹으러 가는 게 어때요?

학습 목표 날씨에 따라 달라지는 생활의 계획을 말할 수 있다.

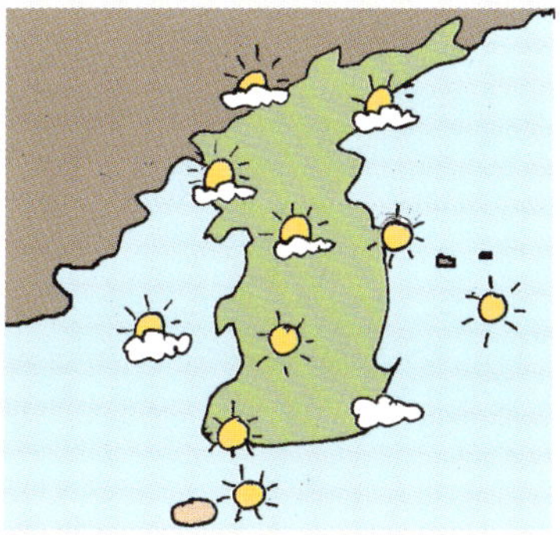

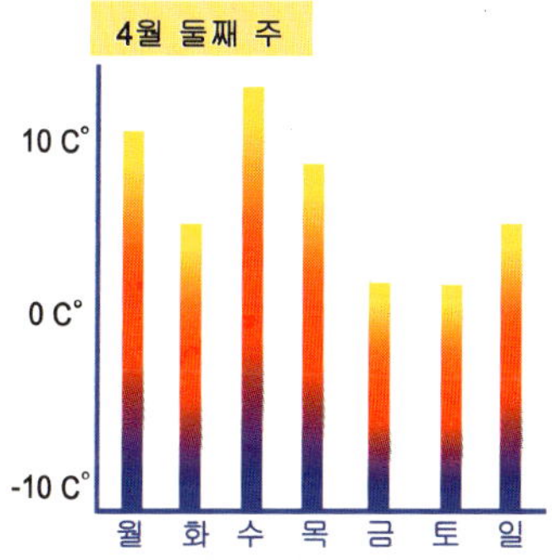

같이 이야기해 봅시다.

- 어떤 날씨를 좋아해요?
- 날씨와 생활은 어떤 관계가 있을까요?
- 날씨 때문에 계획을 바꾸거나 취소한 경험이 있으면 이야기해 보세요.

어휘 일기예보

활동 I 다음 생활 지수가 나타내는 날씨는 어떤 날씨일까요? 이야기해 봅시다.

보기

나들이 지수 80%	세차 지수 90%	불조심 지수 70%	난방 지수 80%

나들이 지수가 80인 걸 보니까 맑은 날씨인 것 같아요. 세차 지수나 불조심 지수가 높은 것을 보면 건조한 것 같고요. 또 난방 지수가 높은 것을 보면 기온이 낮고 추운 날씨인 것 같아요. 그러니까 이 날의 날씨는 맑고 건조하고 추운 날씨라고 말할 수 있어요.

(1)

우산 지수 80%	모기 지수 90%	냉방 지수 70%	불쾌 지수 90%

(2)

자외선 지수 80%	빨래 지수 90%	세차 지수 80%	나들이 지수 80%

(3)

감기 지수 80%	난방 지수 90%	우산 지수 80%	운동 지수 20%

어휘 생활 지수 건조하다 기온

활동 Ⅱ 생활 지수 그림을 보고 보기와 같이 그 날씨에 맞는 생활 계획을 세워 봅시다. 하루를 선택해서 짝과 함께 이야기해 봅시다.

계획을 말할 때 쓰는 상황 표현

- ________는/은/ㄴ 걸 보니까 ________으면/면 좋을 것 같아요.
- 이럴 때는 ________을/를 하는 게 좋겠지요?
- ________는 게 어때요?
- ________기로 합시다. / ________으로/로 정합시다.
- ________을/ㄹ 계획이에요. / ________으려고/려고 해요. / ________을/ㄹ 거예요.
  ________을/ㄹ 예정이에요.

7 July

일요일	월요일	화요일	수요일	목요일	금요일	토요일
22	23	24	25	26	27	28
	우산 지수 80% 모기 지수 90% 식중독 지수 80%		빨래 지수 20% 냉방 지수 80% 불쾌 지수 70%		운동 지수 70% 빨래 지수 80% 세차 지수 80%	자외선 지수 80% 냉방 지수 80% 나들이 지수 70%

무엇을 입고 나갈까?
어디에 갈까?
무엇을 먹을까?
무엇을 할까?
어떤 것을 준비할까?
무엇을 조심할까?

어휘 식중독 자외선

보기

가 : 월요일에 무엇을 **할 계획이에요?**

나 : 글쎄요, 월요일 일기예보를 보니까 비가 올 것 같아요. 그래서 운동이나 산책을 하기는 어려울 거예요. 저는 그냥 집에서 책이나 **읽으려고 해요.**

가 : 저는 그 날 모기약을 **꼭 준비하려고 해요.** 지난번에도 모기에 물려서 잠을 자기 힘들었는데, 월요일에 모기가 많다잖아요? 이번에는 정말 준비를 잘 해서 모기가 꼼짝 못하게 만들겠어요. 빨리 이런 날씨가 지나갔으면 좋겠어요.

나 : 이런 날씨에는 음식도 상하기 쉬워요. 끓인 음식이나 따뜻한 음식을 먹는 것이 좋겠지요?

가 : 그러면 우리 그 날 파전 먹으러 **가는 게 어때요?**

나 : 그럴까요? 제가 파전을 아주 잘 하는 음식점을 알아요. 비가 오면 그 날 손님이 많겠네요.

가 : 그냥 집에 있는 것보다 사람들이 많은 식당에 가면 기분도 더 좋아질 거예요. 그럼 우리 월요일 점심에는 파전 먹으러 **가기로 해요.**

활동 Ⅲ 여러분은 생활 속에서 무엇을 보고 날씨를 예측할 수 있습니까?

새가 낮게 날면 곧 비가 온다.	저녁놀이 지면 다음 날 날씨가 맑다.
할머니 무릎이 아프면 곧 비가 온다	별빛이 흔들리면 곧 큰 바람이 분다.

보기

우리 가족은 할머니를 보고 날씨를 예측해요. 할머니가 무릎이 아프다고 하시면 곧 비가 올 거라는 것을 알 수 있지요. 여러분에게도 이렇게 날씨를 알려주는 사람이 있나요?

여행 **8과**

시원한 바닷가로 가는 게 좋지 않아요?

학습 목표 자신과 생각이 다른 사람을 설득할 수 있다.

같이 이야기해 봅시다.

- 여행을 자주 가는 편인가요?
- 여행을 갈 때 가장 중요하게 생각하는 것은 뭐예요?
- 친구와 여행 계획을 세울 때 생각이 다르면 어떻게 해요?

활동 I **봄, 여름, 가을, 겨울 각 계절에 어디로 여행을 가는 것이 좋습니까? 각 계절에 어떤 여행을 하면 좋은지 이야기해 봅시다.**

봄	여름
가을	겨울

보기

여행은 어느 계절에 해도 다 재미있지만 겨울에는 하얀 눈이 쌓인 스키장에 가는 것이 최고랍니다. 눈 덮힌 아름다운 경치도 보고 추운 겨울에 땀을 흘리면서 운동도 할 수 있으니까요. 또 스키를 타고 내려와서 먹는 뜨거운 라면은 얼마나 맛있는지 몰라요. 날씨와 관계없이 언제든지 할 수 있는 여행이 많지만 스키 여행은 겨울에만 할 수 있어서 더 재미있는 것 같아요.

활동 Ⅱ 친구와 여름 방학 여행을 가기로 했지만 가고 싶은 곳이 서로 다릅니다. 가고 싶은 곳이 다른 두 사람이 상대방을 설득하여 여행지를 결정해 보십시오.

상대방을 설득할 때 쓰는 상황 표현

- 이렇게 하면 좋은 점이 훨씬 더 많아요.
- 무엇보다도 ＿＿＿＿＿이/가 중요한데 그걸 생각하면 ＿＿＿＿＿는 게 좋지요.
- ＿＿＿＿＿으니까/니까 ＿＿＿＿＿는 게 더 좋을 것 같은데요.
- 한번 ＿＿＿＿＿어/아/여 보세요. 절대로 후회하지 않을 거예요.
- 저를 한번 믿어 보세요. 틀림없다니까요.

○○ 펜션

가격 : 2인실 15만원
객실 : 방마다 부엌, 욕실이 따로 있고 발코니가 있음.
시설 : 바비큐 · 캠프파이어 시설, 수영장
주변 관광지 : 유명한 산, 물놀이 공원
교통 : 버스나 기차를 타고 가서 주인에게 연락하면 데리러 옴.

○○ 호텔

가격 : 1박에 20만원
객실 : 이인용 침대, 욕실, 발코니가 있음.
제공 : 아침 식사와 과일 제공, 수영장 · 헬스장 · 사우나 무료 이용, 식당 10%할인
시설 : 피트니스 클럽, 식당, 바
주변 관광지 : 시내, 고궁
교통 : 버스나 택시를 이용

어휘 설득하다 후회하다

해수욕장과 민박

민박 가격 : 1박에 8만원
민박 시설 : 부엌과 욕실이 있음.
해수욕장 시설 : 화장실, 샤워장, 식당, 가게
주변 관광지 : 근처 바닷가, 해양 박물관
교통 : 기차나 버스를 타고 가서 시내 버스로 갈아타야 함.

야영

야영장 가격 : 1박에 2만원
시설 : 샤워장, 화장실, 식수대, 무료 전기 콘센트
준비물 : 텐트, 식사 도구, 의자, 이불 등
주변 관광지 : 유명한 약수터, 유적지
교통 : 자동차를 타고 가야 함. 가는 길에 야영장 표시가 있어 쉽게 찾을 수 있음.

보기

가 : 이번 여행은 해수욕장으로 가는 게 어때요?
나 : 그것보다는 숲 속에 있는 펜션으로 가는 게 더 좋지 않아요?
가 : 아니죠. 여름에는 뭐니 뭐니 해도 바다로 가야 제 맛이지요. 시원한 파도 속에서 수영도 하고 모래찜질도 하고요.
나 : 바다에 가면 사람도 많고 복잡해서 제대로 즐길 수 없어요. 공기가 좋은 숲 속에 가서 맛있는 음식도 먹고 푹 쉬다가 와요.
가 : **무엇보다도 여행 비용이 중요한데 그걸 생각하면 민박집이 많은 바다로 가는 게 좋지요.**
나 : 펜션으로 가도 그리 비싸지 않아요. 그리고 제가 가려는 펜션에는 수영장이 있으니까 물놀이도 할 수 있고요. 한번 펜션으로 가 봐요. **절대로 후회하지 않을 거예요.**
가 : 그럼 이번에는 숲 속에 있는 펜션으로 가 볼까요?
나 : **저를 한번 믿어 보세요.** 최고의 여행이 될 거예요.

어휘 민박 야영

활동 Ⅲ 여러분이 알고 있는 좋은 여행지가 있으면 소개해 봅시다.

신혼 여행지 유적지 휴양지

피서지 스키장 해외 여행지

보기

한국의 신혼 여행지 중에서 가 볼만한 곳으로는 제주도가 있어요. 제주도는 경치가 아름다워서 옛날부터 한국 사람들에게 신혼 여행지로 인기가 많았어요. 제주도에 가면 돌하르방이라는 돌로 만든 할아버지가 있는데 그 하르방의 코를 만지면 아들을 낳는다는 이야기가 있어요. 그래서 신혼부부들은 그곳에 가면 꼭 돌하르방의 코를 만져요.

어휘 유적지 휴양지

추억 **9과**

그 선생님은 마음이 따뜻한 분이셨어요

학습 목표 추억 속에 남아 있는 사람이나 장소를 묘사할 수 있다.

같이 이야기해 봅시다.

- 언제 옛날 생각이 나세요?
- 오래 기억하고 싶은 아름다운 추억이 있어요?
- 한국에서 어떤 추억을 만들고 싶으세요?

9

활동 I **무엇을 하면서 어린 시절을 보냈습니까? 어린 시절에 했던 일들에 대해서 이야기해 봅시다.**

보기

저는 어렸을 때 수업이 끝나면 친구들과 모여서 노래를 자주 불렀어요. 그때 부르던 노래는 '아기 염소' 라는 어린이 노래였어요. 저와 제 친구들은 그 노래를 부르면서 염소 소리도 내고 춤을 추기도 했어요. 사실 제가 기억력이 좋지 않아서 무엇을 해도 금방 잊어버리는 편인데 이 노래는 지금까지도 기억하고 있어요.

활동 Ⅱ 추억 속에 남아 있는 사람이나 장소 중의 하나를 묘사해 봅시다.

사람이나 장소를 묘사할 때 쓰는 상황 표현

- 체격은 큰(작은) 편이고 얼굴은 동그래요(갸름해요/각이 졌어요).
- 인상이 부드러워(무서워/무뚝뚝해) 보이는 사람이에요.
- 성격은 조용한(활발한/꼼꼼한/덜렁대는) 편이에요.
- 말할 때(기분이 좋을 때/화가 날 때) ______________는 습관이 있어요.
- 그곳은 ______________에 있고 아주 넓어요(좁아요).
- 분위기도 좋고 ______________어서/아서/여서 ______________기에 아주 좋은 곳이에요.

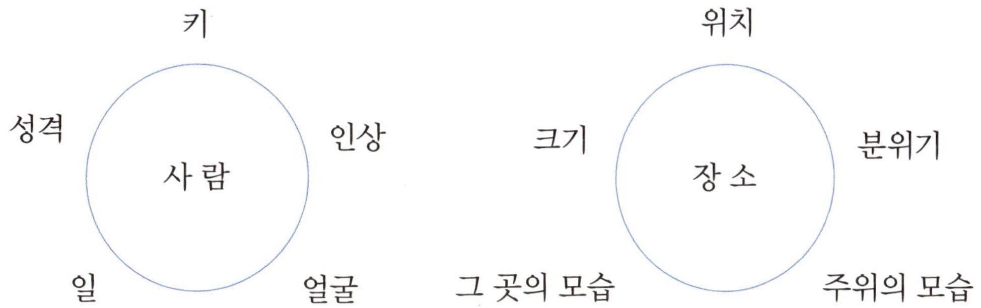

보기

저는 지난 일들을 생각하면 초등학교 4학년 때 선생님이 떠올라요. 선생님은 과학을 싫어하는 저희들에게 재미있는 방법으로 과학을 가르쳐 주셨어요. 30대의 남자분이셨는데 **체격은 좀 작은 편**이시고 **동그란 얼굴**에 안경을 끼셨어요. 표정이 별로 없어서 **인상은 좀 무서워 보였지만** 마음은 아주 따뜻한 분이셨어요. 땀을 많이 흘리셔서 항상 손수건을 가지고 다니셨고요. 저뿐만 아니라 반 친구들은 그 시간을 많이 기다렸어요. 그때 아마 제가 선생님을 좋아했던 것 같아요.

어휘 체격 동그랗다 인상 무뚝뚝하다 활발하다 꼼꼼하다

첫사랑	어릴 때 자주 가던 곳	**기억에 남는 선생님**
어릴 때 살던 집	좋아했던 연예인	초등학교 운동장
어릴 때 친구	좋아했던 이성 친구	좋아했던 장소

활동 Ⅲ **한국에서 있었던 일 중에서 무엇이 추억으로 남을 것 같은지 이야기해 봅시다.**

- 학교 생활
- 아르바이트
- **친구와의 여행**
- 친구 또는 자신의 생일 파티
- 어머니같은 하숙집 아주머니와 하숙집 생활
-
-

보기

저는 지난 방학 때 친구들과 같이 설악산에 갔던 일이 추억으로 남을 것 같아요. 그 여행은 한국에서 처음 한 여행인데다가 좋아하는 친구들과 같이 가서 더욱 더 기억에 남아요. 2박 3일 동안 아름다운 경치도 보고 맛있는 음식도 먹으면서 친구들과 밤새도록 이야기를 했어요. 가끔 실수도 했지만 다른 사람의 도움 없이 우리들만의 힘으로 여행을 해서 얼마나 기뻤는지 몰라요. 이 여행은 영원히 잊을 수 없을 것 같아요.

한국 생활 10과 찜질방이 참 신기했어요

학습 목표 자기 나라의 생활과 한국 생활의 차이점을 말할 수 있다.

같이 이야기해 봅시다.

- 한국에서만 볼 수 있는 것이 있어요?
- 고향에는 없는 특별한 장소가 한국에 있나요?
- 문화 차이를 느낄 때는 언제예요?

활동 I 다음 그림을 보고 이야기해 봅시다.

다음 그림들은 한 외국인이 한국 생활에서 느낀 한국 문화에 대한 이야기입니다. 무엇에 대한 이야기일까요? 이와 같은 경험이 있으면 같이 이야기해 봅시다.

(1)

(2)

활동 II 다음 주제 중 한 가지를 선택해서 자신의 나라와 무엇이 다른지 차이점을 이야기해 봅시다.

자신의 나라와 한국 생활의 차이점을 말할 때 쓰는 상황 표현

- 차이점을 말한다면 이런 것이 있어요.
- 우리나라에서는 __________는데/은데/ㄴ데 비해서 한국에서는 __________는/은/ㄴ 것 같아요.
- 한국 생활과 우리나라 생활을 비교하면 이런 차이가 있어요. / 이런 점이 다르지요.
- 우리는 __________거든요. 그런데 한국은 정말 다른 것 같아요.
- 한국 사람들이 __________는/은/ㄴ 것이 놀라워요. 우리나라 사람들은 그렇지 않아요.
- 한국 생활은 우리나라 생활보다 더 __________는/은/ㄴ 것 같아요.

한국생활 이것이 다르다		
• 졸업식	• **찜질방 풍경**	• 입시 문화
• 관광지 풍경	• 목욕탕	• 결혼식
• 술자리	• 식당	• 풍습

보기

찜질방 풍경
① 뜨거워도 시원하다고 말한다.
② 먹고, 자고! 찜질방을 내집처럼 생각한다.
③ 양머리 수건이 재미있다.

우리나라에서는 사람들이 시원한 것을 즐기는데 비해서 한국에서는 사람들이 정말 뜨거운 것을 좋아하는 것 같아요. 한여름에도 땀을 흘리면서 뜨거운 방에 앉아 있는 모습이 처음에는 신기했어요. 뜨거운데도 '아, 시원하다'라고 말하는 것과, 찜질방에서 먹고 자고 정말 자기 집처럼 행동하는 사람들의 모습을 보고 놀라기도 했지만 재미있기도 했어요. 우리나라에는 목욕탕은 있지만 이렇게 잘 수 있는 곳은 없거든요. 특히 양머리 수건을 하고 찐 계란을 먹는 모습이 재미있어요. 저도 해 보고 싶어요.

어휘 차이점 찜질방 입시 문화 신기하다

(주제)
①
②
③

활동 Ⅲ **한국 생활을 끝내고 자기 나라로 돌아갈 때 무엇을 가지고 가겠습니까? 다음 중 한 가지를 선택해서 이야기해 봅시다.**

• 친구들에게 선물하면 인기 있을 것 같은 물건	
• 한국 생활을 추억할 수 있는 물건	
• 부모님이나 친척들이 좋아하실 물건	
• 우리나라로 가지고 가서 장사하면 돈 벌 것 같은 품목	**(보기) 춘천 닭갈비**

보기

저는 춘천 닭갈비를 우리나라에 소개하고 그것으로 장사를 해 보고 싶어요. 우리나라 사람들도 닭을 아주 좋아해서 닭 요리도 많이 있지만 춘천 닭갈비처럼 매콤하면서 달콤한 닭요리가 없어요. 그리고 고구마하고 양배추를 같이 볶아 먹으면 입에서 살살 녹아요. 정말 맛있어요. 우리나라 사람들은 양배추도 좋아하니까 우리나라 사람들 입맛에 맞게 조금 덜 맵게 하면 분명히 인기가 있을 거예요.

어휘 매콤하다 입에서 살살 녹다

모임 **11과**

주말에 생일 파티를 하려고 하는데 올 수 있어요?

학습 목표 모임에 초대 받았을 때 초대를 받아들이거나 거절할 수 있다.

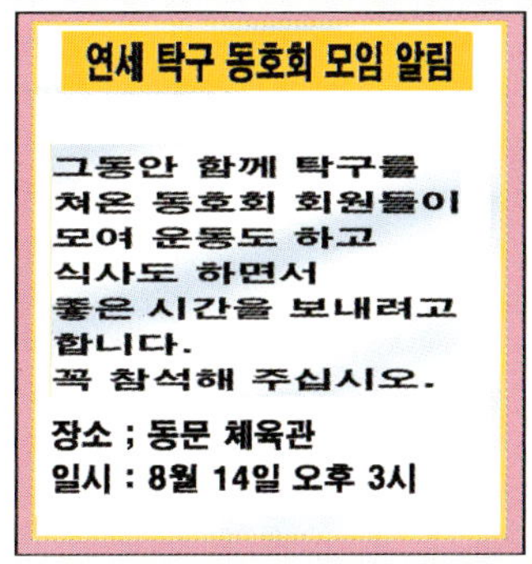

연세 탁구 동호회 모임 알림

그동안 함께 탁구를
쳐온 동호회 회원들이
모여 운동도 하고
식사도 하면서
좋은 시간을 보내려고
합니다.
꼭 참석해 주십시오.

장소 ; 동문 체육관
일시 : 8월 14일 오후 3시

같이 이야기해 봅시다.

- 우리 생활 속에 어떤 모임이 있어요?
- 한국 사람들 모임에 간 적이 있어요?
- 초대를 받았는데 거절해야 할 때는 어떻게 하나요?

어휘 거절하다

활동 I 기억에 남는 모임에 대해서 이야기해 봅시다.

가장 재미있었던 모임

다시 하고 싶은 모임

가장 시끄러웠던 모임

제일 오래 있었던 모임

보기

제가 제일 오래 있었던 모임은 한국어학당 친구 송별회 모임이었어요. 그 친구는 1급하고 2급 때 저하고 같은 반에서 공부했어요. 2주 전에 갑자기 고향으로 돌아간다는 소식을 듣고 얼마나 섭섭했는지 몰라요. 그래서 1급 때 같이 공부했던 반 친구들이 모여서 송별회를 해 주었어요. 같이 저녁도 먹고 술도 마시고 시간 가는 줄 모르고 이야기했는데 시계를 보니까 새벽 5시였어요. 아마 10시간쯤 같이 있었던 것 같아요.

어휘 기억에 남다　송별회　섭섭하다

활동 Ⅱ 두 사람이 짝이 되어 한 사람은 모임에 초대를 하고, 다른 한 사람은 그 초대를 받아들이거나 거절하는 역할극을 해 봅시다.

초대할 때 쓰는 대화 상황 표현

- 이번 ________에 시간 있어요? 그 날이 ________이거든요/거든요.
- ________으려고/려고 하는데 올 수 있어요?
- 중요한 모임이니까 꼭 와 주셨으면 해요.
- 늦어도 괜찮으니까 꼭 오세요. 기다릴게요.

- 그래요? 그럼 꼭 가야지요.
- 물론 갈게요. 제가 빠질 수 없지요.
- 갈 수 있어요. 아, 기대가 되네요.
- 죄송합니다만, 제가 그 날 중요한 약속이 있어서요.
- 그 날 일이 있어서 갈 수가 없는데요. 어떻게 하지요?
- 정말 가고 싶은데 선약이 있어요. 죄송해요.

보기 ● **주말에 생일 파티를 하려고 한다.** ●

가 : **이번 토요일 오후에 시간 있어?**
나 : 왜? 무슨 일이 있어?
가 : **그 날이 내 생일이거든. 생일 파티를 하려고 하는데 올 수 있어?**
나 : 축하해. 그런데 어떡하지? 나도 **정말 가고 싶은데 선약이 있어. 미안해.**
가 : 중요한 약속인가 보구나.
나 : 응. 고등학교 때 선생님과 친구들이 만나는 모임이야. 한 달 전부터 약속이 되어 있었어. 우리 5년 만에 만나는 거거든.
가 : 그럼 할 수 없지 뭐. 그 날 오지는 못해도 마음 속으로 내 생일은 축하해 주어야 해.
나 : 물론이지. 그리고 생일 선물도 꼭 줄게. 우리끼리 한번 따로 만나자.

우리반 모임을 하려고 한다.	다음 주에 고향에 돌아가는 친구 **송별회**를 하려고 한다.	결혼을 해서 새 집으로 이사를 했는데 친구들을 불러서 **집들이**를 하려고 한다.

어휘 빠지다 기대가 되다

활동 Ⅲ **다음과 같은 초대를 받았을 때, 나만의 특별한 선물을 가지고 간다면 어떤 선물을 준비하겠습니까?**

여자(남자) 친구의 생일 파티

친한 친구의 송별회

집들이

결혼할 사람의 가족 모임

보기

저는 제 남자 친구 생일에 우리가 함께 찍은 사진을 넣은 쿠션을 선물하고 싶어요. 사진을 보면서 언제든지 저를 생각할 수 있고 작고 무겁지 않기 때문에 고향으로 돌아갈 때도 그 쿠션을 가져갈 수 있을 거예요. 세상에 하나밖에 없는 물건이니까 소중하고 특별한 선물이 될 것 같아요.

고민과 상담 **12과**

다시 한번 잘 생각해 보고 결정하세요

학습 목표 다른 사람의 고민을 듣고 조언해 줄 수 있다.

같이 이야기해 봅시다.

- 요즘 어떤 고민이 있나요?
- 고민이 있을 때 누구와 의논하세요?
- 고민이 있는 사람에게 어떤 말을 해 주나요?

12

활동 I 여러분은 살면서 어떤 고민을 해 왔습니까? 고민 중 한 가지를 이야기해 봅시다.

	(보기) 미정	나
초등학교 때	다른 친구들보다 키가 작아서 많이 고민했다.	
중학교 때	친구들에게 인기가 없어서 어떻게 하면 인기가 많아질까 고민을 했다.	
고등학교 때	대학 입학 시험 준비를 위해서 사귀던 남자 친구와 헤어질까 말까 고민했다.	
대학교 때	졸업을 한 후에 취직을 할까 대학원에 갈까 많이 고민했다.	
현재	현재 하고 있는 일이 성격에 맞지 않는다. 그만두고 싶지만 다른 회사에 취직하기가 어려울 것 같아서 망설이고 있다.	

어휘 망설이다

활동 II 다음 중 하나를 골라 고민하는 사람과 상담자가 되어 고민을 듣고 조언을 해 봅시다.

조언을 할 때 쓰는 상황 표현

- __________으면/면 어떨까요?
- 제 생각에는 __________는 게 좋을 것 같은데요.
- __________보다는 __________는 게 낫지 않을까요?
- 다른 사람은 신경 쓰지 마세요. 제일 중요한 것은 __________씨 바로 자신이에요.
- 다시 한번 잘 생각해 보고 결정하세요.
- 다시 한번 잘 말씀 드려 보세요. __________도 이해해 주실 거예요.

보기

친구 : 미정 씨, 무슨 일이 있어요? 안색이 안 좋아요.
미정 : 요즘 회사 문제로 잠을 잘 못 자서 그래요.
친구 : 아니, 왜요? 그 회사는 일도 그렇게 힘들지 않고 좋다고 했잖아요?
미정 : 네, 그건 그렇지요. 그런데 그 일이 저에게 맞지 않아요. 하루 종일 책상에 앉아서 일만 해야 하는데 답답하고 지루해서 견딜 수가 없어요.
친구 : 일은 성격에 맞아야 해요. 그렇게 힘들면 **다른 일을 하는 게 좋을 것 같은데요.**
미정 : 저도 그렇게 생각하지만 요즘 취직하기가 하늘의 별따기잖아요. 다시 취직을 못 할까 봐 그 일을 그만두지도 못 하겠어요.
친구 : 먼저 자신이 정말 원하는 것이 무엇인지 **다시 한번 잘 생각해 보고 결정하세요.**
미정 : 네, 다시 잘 생각해 볼게요.

어휘 조언하다

<table>
<tr><td>(1) 토마스(28살, 남)
</td><td>사랑하는 여자 친구와 결혼을 하려고 하는데 부모님의 반대가 아주 심하다.</td></tr>
<tr><td>(2) 이지영(30살, 여)
</td><td>직장 상사의 태도에 화가 많이 나 있지만 상사에게 말할 용기가 없다. 회사 생활을 계속해야 하는데 걱정이다.</td></tr>
<tr><td>(3) 리나(22살, 여)
</td><td>교실에 있는 학생 중에서 공부를 제일 못한다. 그래서 항상 자신감이 없다.</td></tr>
<tr><td>(4) 마이클(26살, 남)
</td><td>평소에는 잘 하지만 시험이나 발표 같은 큰 일이 있을 때 너무 긴장한다. 벌써 취직 시험도 3번이나 떨어졌다.</td></tr>
<tr><td>(5) 왕영(20살, 남)
</td><td>대학 입학 문제로 부모님과 갈등이 있다. 자신은 심리학과에 가고 싶지만 부모님은 의대에 가라고 하신다. 지금까지 한 번도 부모님 말을 듣지 않은 적이 없다.</td></tr>
<tr><td>(6) 앤(25살, 여)
</td><td>1주일 전에 남자 친구와 심하게 싸웠다. 남자 친구가 약속을 지키지 않았기 때문이다. 그 후 남자 친구한테서 계속 연락이 없어서 불안하다.</td></tr>
<tr><td>(7) 에리카(40살, 여)
</td><td>아무것도 하기 싫다. 모든 일에 의욕도 없고 귀찮기만 하다. 하루 종일 집에 있을 때가 많다.</td></tr>
<tr><td>(8) 김민수(38살, 남)
</td><td>담배 때문에 아내와 날마다 싸운다. 담배를 끊어야 하는 줄 알면서도 항상 작심삼일이다.</td></tr>
</table>

어휘 상사 갈등 의욕 작심삼일

활동 Ⅲ **지금까지 살면서 들은 조언 중에서 가장 좋았던 것은 무엇입니까? 언제 어떤 이야기를 들었는지 이야기해 봅시다.**

보기

저는 대학교 1학년 때 동아리 선배가 해 준 이야기가 가장 기억에 남아요. 선배는 우리들에게 항상 필요한 사람이 되라고 했어요. 좋은 말인 건 알았지만 그때는 그 말뜻을 잘 이해하지 못했어요. 하지만 학교를 졸업하고 회사 생활을 하면서 그 선배의 말이 맞았다는 걸 조금씩 알게 됐어요. 그래서 저는 언제 어디서나 필요한 사람이 되려고 많은 노력을 하고 있어요.

이웃 **13과**

저녁 시간에는 좀 조용히 해 주셨으면 해요

학습 목표 불편 사항이 있을 때 상대방에게 부드럽게 불편한 점을 말할 수 있다.

같이 이야기해 봅시다.

- 여러분의 이웃들은 어떤 사람들이에요?
- 살면서 이웃과 문제가 생긴 적이 있어요?
- 이웃과 문제가 생겼을 때는 어떻게 해결하는 게 좋을까요?

활동 I 이웃 간에 지켜야 할 예절로는 어떤 것이 있는지 이야기해 봅시다.

아파트 생활에서	• 밤에는 청소기를 돌리는 일같은 시끄러운 일은 하지 말아야 한다. • •
단독 주택 생활에서	• 집 앞 골목길을 자기 집처럼 사용하지 말아야 한다. • •
공원에서	• 강아지를 산책시킬 때는 목줄을 하고 비닐 봉지를 가지고 나가야 한다. • •
체육관에서	• 다음 사람을 생각해서 운동 기구를 혼자 너무 오래 사용하지 말아야 한다. • •
	• • •

어휘 단독 주택 골목길

활동 Ⅱ 다음 중 하나를 골라서 이웃 간의 문제를 부드럽게 말하는 역할극을 만들어 봅시다.

불편한 점을 말할 때 쓰는 상황 표현

- __________ 일로 드릴 말씀이 있는데요. __________어/아/여 주셨으면 해요.
- __________ 문제로 부탁 좀 드리려고요. __________어/아/여 주셨으면 좋겠어요.
- 제가 __________어서/아서/여서 그러는데 신경 좀 써 주시겠어요?
- 다름이 아니라, __________어서/아서/여서 좀 불편한데 __________지 말아 주시겠어요?
- 다른 사람도 생각해서 좀 조심해 주셨으면 좋겠어요.
- 죄송하지만 저녁 시간에는 좀 조용히 해 주셨으면 해요.

보기 ● 옆집 강아지 때문에 놀랄 때 ●

아파트 9층에 사는 영희 씨는 옆집 강아지 때문에 놀랄 때가 많다. 옆집 여자는 강아지를 산책시키러 나갈 때 엘리베이터를 탄다. 그런데 문이 열리면서 갑자기 강아지가 뛰어 나와서 엘리베이터 앞에 서 있던 사람들이 깜짝 놀라는 일이 자주 있다. 이런 일을 여러 번 당한 영희 씨는 옆집 여자를 찾아가서 말하기로 한다.

영희 : 옆집에 사는 사람인데요. 드릴 말씀이 있어서 찾아왔어요.
옆집 여자 : 무슨 일이신데요?
영희 : 이 댁에서 기르시는 강아지 **문제로 부탁 좀 드리려고요.**
옆집 여자 : 그래요? 우리 강아지 때문에 뭐 불편하신 게 있나요?
영희 : 강아지와 같이 엘리베이터를 타실 때에는 강아지를 안고 타 주셨으면 좋겠어요. 강아지가 갑자기 뛰어 나와서 밖에서 기다리는 사람이 놀라는 일이 자주 있거든요. **다른 사람도 생각해서 좀 조심해 주셨으면 좋겠어요.**
옆집 여자 : 죄송해요. 그것까지 생각을 못 했어요.
영희 : 그럼, 부탁드릴게요.
옆집 여자 : 네, 앞으로 조심할게요.

어휘 당하다

상황 1) 저녁 시간에 피아노 소리 때문에 신경이 쓰일 때

미영씨는 아파트 5층에 산다. 요즘 위층에 사는 초등학생이 저녁 늦게까지 피아노를 쳐서 저녁 시간에 불편하다. 친한 이웃이기 때문에 처음에는 참으려고 했지만 1주일 이상 계속되는 시끄러운 소리 때문에 찾아가서 말하기로 한다.

상황 2) 집 앞에 놓인 쓰레기 때문에 불편할 때

영수 씨는 작은 골목에 있는 단독 주택에 산다. 영수 씨는 깨끗한 것을 좋아해서 청소를 자주 하는데 앞집 사람은 쓰레기봉투를 항상 집 앞에 쌓아 놓는다. 쓰레기에서 나는 냄새 때문에 영수 씨는 항상 불쾌하다. 그래서 영수 씨는 앞집 사람을 찾아가서 말하기로 한다.

상황 3) 주차선을 지키지 않아서 이웃에게 불편을 줄 때

민수 씨는 주차장이 넓지 않은 작은 빌라에 산다. 그런데 민수 씨 앞집 사람은 주차할 때 주차선을 지키지 않고 세운다. 그래서 저녁 늦게 퇴근하는 민수 씨가 주차할 때 고생한 적이 많다. 그래서 민수 씨는 앞집 사람을 찾아가서 말하기로 한다.

활동 Ⅲ 지금 사는 곳에 새로 이사 온 이웃이 있다면 그 동네에 대한 어떤 정보를 주겠습니까?

- **값싼 할인 마트**
- **재활용품 수거일**
- 운동하기 좋은 공원
- 무료 문화 센터 프로그램
- 병원, 세탁소, 백화점, 식당 등의 편의 시설
-
-

보기

우리 동네에 이사 오는 사람이 있다면 먼저 저는 재활용품을 언제 수거해 가는지를 가르쳐 줄 거예요. 저도 이 동네에 처음 이사 왔을 때 재활용품 수거일을 몰라서 고생을 했거든요. 그리고 싱싱한 야채를 싸게 파는 마트도 가르쳐 줄 거예요. 근처에 가게가 많지만 입소문이 난 곳은 처음 이사 온 사람들이 잘 모르니까요.

어휘 재활용품 수거일 편의 시설 입소문

세상 소식 **14과**

마음이 따뜻해지는 뉴스를 들은 적이 있어요?

학습 목표 이야기를 듣거나 읽고 다른 사람에게 그 이야기를 전할 수 있다.

같이 이야기해 봅시다.

- 여러분은 어떻게 세상에 대한 소식을 알게 되나요?
- 요즘 뉴스 중에서 관심이 있었던 것은 뭐예요?
- 마음이 따뜻해지는 뉴스를 들은 적이 있어요?

활동 I 요즘 들은 뉴스 중 한 가지를 이야기해 봅시다.

정 치	경 제	사 회
문 화	국 제	스포츠
방송 · 연예	**건 강**	고향 소식

보기

오늘 아침 신문에서 봤는데요. 조깅보다 축구를 하는 것이 건강에 더 좋대요. 실제로 규칙적으로 조깅을 하는 사람들하고 1주일에 두세 번쯤 축구를 하는 아마추어 축구 선수하고 비교해 보니까 축구 선수가 더 건강하대요. 조깅은 항상 같은 속도로 운동을 하지만 축구는 빨리 뛰기도 하고 천천히 뛰기도 하니까 운동량이 더 많아서 그렇대요.

어휘 규칙적으로

활동 Ⅱ 다음 신문 기사를 읽고, 한 사람은 그 기사를 전하고 또 한 사람은 그 이야기를 듣고 질문을 해 봅시다.

이야기를 전할 때 쓰는 상황 표현

- 그 이야기는 이런 거예요.
- 제가 신문에서 읽었는데요. / 텔레비전에서 봤는데요.
- 먼저 간단하게 줄여서 말한다면 ________는다는 내용이에요.
- ________이/가 그러는데 ________는대요.
- 정확한 시간(장소, 이름)은 잘 기억나지 않지만 ________었대요/았대요/였대요.

※ ________는대요. ⇨ ________는대요/ㄴ대요/대요.
________이래요/래요.
________었대요/았대요/였대요.
________겠대요.
________을/ㄹ 거래요.
________으래요/래요.
________재요.
________냬요

보기

신문 기사 ○○일보 10월 9일 기사

종업원, 가격표 없이 '믿음' 파는 카페

제주시 분재예술원 근처에 '오월 향기' 라는 카페가 있다. 주인은 없고 손님만 있다. 커피와 음료수, 맥주를 손님이 원하는 만큼 마시고, 적당한 돈을 카운터 모금함에 넣고 가면 된다. 정해진 가격도 없다. 이 카페의 주인 이승형(56) 씨는 젊었을 때 서울에서 음악인 생활을 하다가 5년 전에 제주도로 내려갔다. "복잡한 도시를 떠나고 싶었다"는 게 그 이유였다. 제주도에서 연주를 하면서 돈을 모은 그는 지난 해 5월에 카페를 열었다. 이 씨는 이 주인 없는 카페에서 파는 것은 '사람들 사이의 믿음' 이라면서 "세상을 힘들게 살아가는 사람들이 편하게 쉴 수 있는 곳이 되면 좋겠다"고 말했다.

어휘 신문기사 믿음

다시 말하기

먼저 간단하게 줄여서 말한다면 제주도에 손님이 차나 술을 마신 다음에 마음대로 돈을 내고 가는 카페가 **있다는 내용이에요. 정확한 장소와 이름은 잘 기억나지 않지만** 제주도에 한 카페가 있는데 그곳에서는 손님이 원하는 만큼 마시고 적당한 돈을 카운터 모금함에 넣고 가면 **된대요.** 그 카페의 주인은 서울에서 음악인 생활을 하면서 살았는데 5년 전에 복잡한 도시 생활이 싫어서 제주도로 내려갔대요. 제주도에서 지난해에 카페를 열었는데, 주인은 그 카페가 세상을 힘들게 살아가는 사람들이 쉴 수 있는 곳이었으면 좋겠다고 **말했대요.** 그리고 그 카페에서 파는 것은 바로 사람들 사이의 믿음이라고 **했대요.** 참 아름다운 이야기지요?

신문 기사 1 ○○일보 9월 1일 기사

혼자 60명이 넘는 자식을 키워

서울 송파구에 사는 주부 최미영 씨(47)에게는 두 아들이 있다. 한 명은 직장인이고, 다른 한 명은 대학생이다. 그러나 최 씨가 키운 '자식'은 60명이 넘는다. 최 씨는 요즘 남자 아기 찬호(2)를 돌본다. 찬호에게 이유식을 먹이고, 기저귀도 갈아준다. 찬호의 엄마와 아빠는 찬호를 낳고 바로 헤어졌다. 엄마가 찬호를 돌보지만, 아침 7시부터 밤 11시까지 식당일을 하니까 아기를 키울 수가 없다. 그런 찬호에게 최 씨가 매일 엄마 역할을 해주고 있다. 최 씨는 이와 같이 일찍 남편과 헤어져 혼자 된 여성들의 아기를 키워 왔고, 최 씨의 남편과 두 아들도 최 씨가 돌보는 아이들을 가족처럼 생각한다.

질문하기

- 최 씨의 아이들이 그렇게 많은 이유는 뭐예요?
- 최 씨가 돌보는 아이들은 주로 어떤 아이들이에요?
- 최 씨가 하는 일에 대해 어떻게 생각해요?

어휘 돌보다

신문 기사 2 ○○일보 12월 5일 기사

혼자 사는 노인에게 집수리

광주시 노인 복지 회관에서는 혼자 사는 노인에게 집수리를 해 주어서 도움을 주고 있다. 광주시 노인 복지 회관에서는 초월읍에 살고 있는 윤수영(71, 여) 노인의 집을 방문해 낡은 싱크대를 새 것으로 바꿔 주었다. 윤 노인은 무릎이 많이 아파서 움직이기가 힘들다. 그리고 항상 싱크대에 기대어 설거지를 하기 때문에 낡은 싱크대가 크게 기울어져 위험한 상태였다. 이 소식을 들은 복지 회관은 윤 노인의 싱크대를 새 것으로 바꿔 주었고, 고장 난 화장실 샤워기까지 수리해 주었다. 복지 회관은 앞으로도 혼자 살고 생활이 어려운 노인들의 집을 계속 수리할 계획이다.

질문하기

- 광주시 복지 회관에서 무슨 일을 하고 있어요?
- 그 복지 회관에서는 누구에게 도움을 주고 있나요?
- 여러분 고향에도 이런 활동이 많이 있나요?

어휘 기대다

활동 Ⅲ 기사 제목을 보고 그 내용을 추측해서 말해 봅시다.

- 아파트 값에 울고 웃고
- 청계천 사과나무에 사과가 없다
- **고맙지만 무서운 쇼핑 메일**
- 이번 주말 기온 뚝
- 디지털 카메라 '더 싸게 더 선명하게'

보기

'고맙지만 무서운 쇼핑 메일'은 아마 자기에게 정말 필요한 물건에 대해 쇼핑 안내를 해 주는 메일이니까 고맙다는 말인 것 같아요. 그렇지만 그 물건을 쉽게 사게 되니까 돈을 많이 쓰게 되잖아요. 나중에 자기가 쓴 돈을 보면 깜짝 놀라게 될 것 같아요. 그래서 무섭다는 말 아닌가요?

어휘 선명하다

호칭 **15과**

선생님, 부탁드릴 게 있어서 찾아왔는데요

학습 목표 다른 사람을 만나서 이야기할 때 적절한 호칭과 존대법을 사용하여 말할 수 있다.

같이 이야기해 봅시다.

- 사람을 만났을 때 뭐라고 불러야 할 지 몰라서 곤란했던 적이 있어요?
- 백화점이나 할인 매장에 갔을 때 직원들이 여러분을 보고 뭐라고 불러요?
- 모르는 사람에게 길을 물어볼 때 그 사람을 보고 뭐라고 불러요?

15

활동 I 다음 그림의 사람이 무슨 말을 할지 상상하여 말해 봅시다. 말할 때 호칭을 사용하십시오.

보기

아래 왼쪽 그림에서는 마트에서 일하는 사람이 손님에게 말하는 것이니까 '고객님, 무엇을 도와 드릴까요?' 하고 말하는 거예요.

어휘 호칭 고객

활동 Ⅱ 다음 상황에 맞는 역할극을 해 봅시다. 상대방에게 알맞은 호칭을 사용하십시오.

부탁할 때 쓰는 상황 표현

- ○○ 형(누나, 오빠, 언니) 부탁이 있는데요.
- ○○ 엄마, 미안하지만 이것 좀 해 주시겠어요?
- 선생님, 부탁드릴 게 있어서 찾아왔는데요.
- 아저씨, 부탁 좀 해도 될까요?
- 저기요, 여기 ________ 좀 갖다 주시겠어요?
- ○○ 씨, 죄송하지만 좀 도와주세요.

박지윤(34)
- 대학원생
- 유치원에 다니는 아이(미나)가 있음.
- 아파트(504호)에 살고 있음.

보기 ● **대학교 교수님께 추천서를 써 달라고 부탁을 드릴 때** ●

박지윤은 오늘 장학금을 받는 데 필요한 추천서를 교수님께 부탁드리려고 교수님 연구실에 갔다.

지　윤 : **선생님,** 안녕하세요? **저, 부탁드릴 게 있어서 찾아왔는데요.**
교수님 : 어서 와요. 무슨 일인데 그래요?
지　윤 : 저, 이번에 장학금을 신청하려고요.
교수님 : 아, 그래요? 열심히 공부하는데 장학금을 받으면 정말 좋지요.
지　윤 : 감사합니다. 그런데 장학금 신청을 하려면 교수님 추천서가 필요하대요.
그래서 이렇게 부탁드리려고 왔습니다.

어휘 장학금　성실하다

교수님 : 써 줄 테니까 걱정하지 말아요. 이번에 꼭 장학금을 받았으면 좋겠네요.
지 윤 : 정말 감사합니다, 선생님. 더 열심히 공부하겠습니다.

상황 1) 503호 아줌마에게 신문을 치워 달라고 부탁할 때

504호에 사는 박지윤은 주말에 가족과 함께 여행을 가려고 한다. 금요일 오후에 떠나서 일요일 오후에 집에 돌아올 예정이다. 토요일 아침에 집으로 배달되는 신문을 치워 달라고 503호 아줌마에게 부탁하려고 하는데 아파트 입구에서 503호 아줌마가 나오는 것을 보았다.

상황 2) 진수 엄마에게 미나를 맡아 달라고 부탁할 때

박지윤은 내일 저녁에 모임이 있다. 남편도 그날 저녁에 회식이 있어서 늦게 들어온다. 그래서 3시간 동안 미나를 돌봐 줄 사람이 필요하다. 유치원 앞에서 진수 엄마를 만난 박지윤은 미나를 맡아 달라고 부탁한다.

상황 3) 선배 언니에게 책을 빌려 달라고 부탁할 때

박지윤은 대학원 수업에서 발표 준비를 하기 위해 ○○ 책이 필요하다. 서점에도 그 책이 없고 도서관에서도 찾아보았지만 다른 사람이 벌써 빌려갔다. 다행히 그 책을 선배 언니가 가지고 있다는 소식을 듣고 전화를 건다.

어휘 맡다 발표

활동 Ⅲ **한국어에는 여러 가지 호칭이 있습니다. 호칭을 잘못 사용하거나 어떻게 불러야 할 지 몰라서 힘들었던 경험이 있으면 이야기해 봅시다.**

보기

저 같은 외국인에게는 한국말의 호칭이 너무 많고 복잡해요. 한국 사람과 결혼한 지 3년이 넘었는데도 아직 호칭이 어려워요. 한 번은 명절에 친척분들이 모였을 때 친척 아주머니께서 "우리 아저씨 좀 불러줘"하고 말씀하셨는데 그분이 고모부인지, 삼촌인지 누구를 말씀하시는지 몰라서 말도 못하고 그냥 서 있기만 했어요. 또 한 번은 남편의 형님을 '아주버니' 라고 불러야 하는데 '아주머니' 라고 말한 적도 있어요.

직장 16과 다음 주에 휴가를 가도 될까요?

학습 목표 개인 사정이 있을 때 상대방에게 이유를 말하고 허락을 구할 수 있다.

같이 이야기해 봅시다.

- 직장에서 일을 하거나 아르바이트를 해 본 적이 있어요?
- 자신에게 맞는 일은 어떤 일이라고 생각하세요?
- 직장에서 여러 사람과 같이 일을 할 때 어려운 점이 뭘까요?

활동 I 다음은 직장을 선택할 때 무엇을 중요하게 생각하는지에 대한 인터넷 조사 결과입니다. 여러분은 직장을 선택할 때 무엇을 제일 중요하게 생각합니까?

직장 선택에서 가장 중요한 것은?

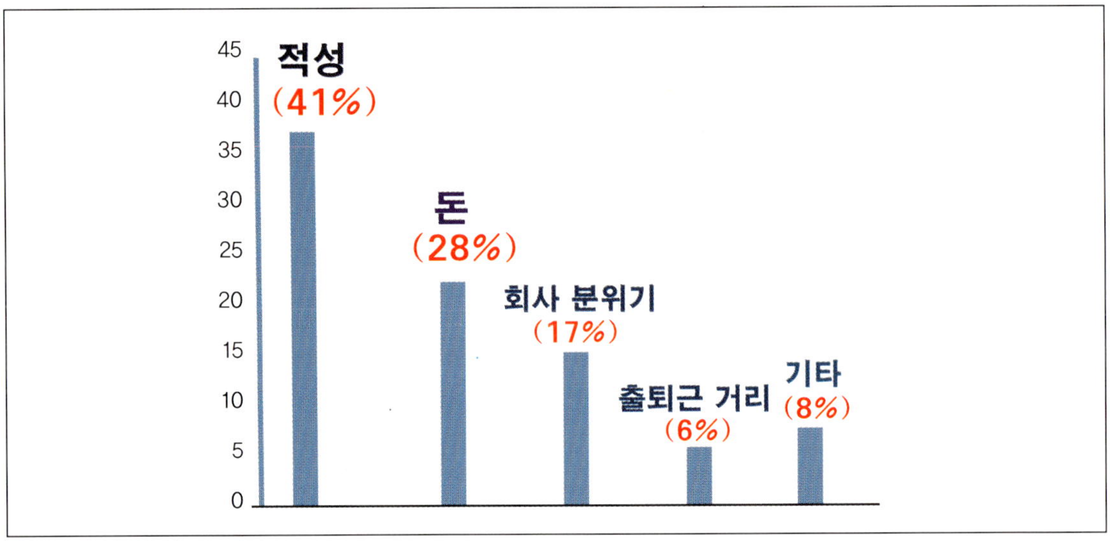

보기

저는 직장을 선택할 때 적성이 제일 중요하다고 생각해요. 아무리 좋은 일이라도 자기에게 맞지 않으면 그 일을 하고 싶은 마음이 들지 않으니까요. 그렇지만 돈이 중요하지 않다는 것은 아니에요. 적성과 돈을 비교했을 때 자기에게 맞는 일을 찾는 게 더 중요하다는 말이에요.

어휘 적성

활동 II 다음 중 하나를 고른 후 직장에서 허락을 구하는 역할극을 해 봅시다.

허락을 구할 때 쓰는 상황 표현

- 죄송하지만 ________어도/아도/여도 될까요? ________어서요/아서요/여서요.
- 제가 ____________어서/아서/여서 그러는데 ________어도/아도/여도 될까요?
- 죄송하지만 방해가 안 된다면 ________어도/아도/여도 될까요?
- 제가 사정이 있어서 ________고 싶은데 그래도 괜찮을까요?
- 좀 급한 일이 있어서 그러는데 잠깐 나갔다 와도 돼요?
- 바빠서 오늘 다 하지 못할 것 같은데 내일 해도 되나요?

보기 ● **병원에 가야 하기 때문에 늦게 출근할 때** ●

영희 씨는 내일 오전 10시에 치과 예약이 있다. 치료하려면 1시간쯤 걸리기 때문에 오전에 회사에 나오지 못 할 것 같다. 그래서 과장님께 허락을 구하려고 한다.

영　희 : 과장님, 드릴 말씀이 좀 있는데요.

과장님 : 무슨 일인데요?

영　희 : 저, **제가 내일 오전에 병원에 가야 해서 그러는데 회사에 좀 늦게 출근해도 될까요?**

과장님 : 어디가 많이 아파요?

영　희 : 심한 건 아닌데 이에 좀 문제가 있어요. 지금 빨리 치료하지 않으면 나중에 고생할 것 같아서요.

과장님 : 그래요? 몇 시쯤 올 수 있어요?

영　희 : 열 시로 예약을 했으니까 끝나고 오면 12시쯤 될 것 같아요.

과장님 : 알겠어요. 치료 잘 받고 오세요.

어휘 허락　방해가 되다

상황 1) 직장 동료의 컴퓨터를 사용할 때

오늘은 민수 씨가 회사에서 중요한 발표를 하는 날이다. 그런데 갑자기 민수 씨의 컴퓨터가 말을 듣지 않는다. 그래서 동료 영호 씨의 컴퓨터를 쓰고 싶어 한다.

상황 2) 몸이 아파서 일찍 조퇴를 할 때

미경 씨는 아침부터 몸이 좋지 않았다. 하지만 심하지 않은 것 같아서 회사에 출근했는데 갑자기 열이 나고 어지러워서 일하기가 어렵다. 과장님께 이야기를 하고 일찍 집에 가고 싶어 한다.

상황 3) 개인 사정이 있어서 휴가를 낼 때

승호 씨는 신입 사원이다. 그래서 휴가 날짜를 마음대로 고르기가 어렵다. 하지만 다음 주에 미국에 계신 어머니 생신이 있어서 휴가를 1주일쯤 내고 싶어 한다. 그래서 과장님을 찾아갔다.

어휘 동료 조퇴하다

활동 Ⅲ 만약 복권에 당첨된다면 직장을 어떻게 하시겠습니까?

보기

제가 만약 복권에 당첨된다면 저는 직장을 그만둘 거예요. 돈이 있으니까 스트레스를 받으면서 일할 필요가 없잖아요. 하지만 다른 사람이 제가 복권에 당첨된 걸 알면 저를 귀찮게 할지도 모르니까 말하지는 않을 거예요. 그리고 세계 여러 나라를 돌아다니면서 여기 저기 구경을 많이 할 거예요. 아! 그렇게 된다면 얼마나 좋을까요?

어휘 당첨되다

속담 17과 원숭이도 나무에서 떨어질 때가 있다고 하잖아요

학습 목표 한국의 속담을 상황에 맞게 인용할 수 있다.

같이 이야기해 봅시다.

- 위의 만화는 어떤 이야기를 담고 있어요?
- 이럴 때 어떤 속담을 쓰는지 아세요?
- 여러분이 알고 있는 한국 속담이 있으면 말해 보세요.

어휘 속담

17

활동 I 다음은 한국의 속담입니다. 다음 속담의 뜻이 무엇인지 추측해 봅시다.

가는 말이 고와야
오는 말도 곱다

그림의 떡

낮말은 새가 듣고
밤말은 쥐가 듣는다

금강산도 식후경

원숭이도 나무에서
떨어질 때가 있다

활동 Ⅱ 위의 속담 중 하나를 골라 그 속담이 들어가는 상황극을 만들어 봅시다.

속담을 인용할 때 쓰는 상황 표현

- __________는다고 하잖아요.
- __________는다고 __________
- 옛말에 ____________는다는 말이 있어요.
- 이럴 때는 __________는다고 해요.
- 우리 속담에 이런 말이 있잖아요? __________는다고요.

※ __________는다고 하다 ⇨ __________는다고/ㄴ다고/다고 하다
__________이라고/라고 하다
__________으라고/라고 하다
__________자고 하다
__________냐고 하다

보기

가 : 어제 우리 회사 게시판 봤어?
나 : 아니, 무슨 특별한 일이 있었어?
가 : 뭐 우리한테 특별한 일이 생긴 것은 아닌데 … 이번 디자인 공모전에 박 과장님 팀이 떨어지고 김 과장님 팀이 일등으로 당선되었대.
나 : 그래? 항상 박 과장님 팀이 일등을 했었잖아. 그런데 이번에는 3등 안에 들지도 못하고 떨어졌다고?
가 : 그러니 놀라운 일이지. 하지만 김 과장님 팀한테는 정말 잘됐어. 상금도 많이 받고 말이야.
나 : 박 과장님 팀은 충격을 받았겠네. 분위기가 안 좋을 것 같은데.
가 : **원숭이도 나무에서 떨어질 때가 있다고 하잖아.** 아무리 잘 하는 사람도 실수할 때도 있고 잘 못할 때도 있지.
나 : 그래, 누구나 항상 잘하기만 할 수는 없어.

어휘 공모전 당선되다 상금 충격을 받다

활동 Ⅲ 여러분 나라에 재미있는 속담이 있으면 소개해 보십시오.

보기

우리나라에는 맛있는 음식을 먹을 때 너무 맛있어서 먹다가 뺨이 떨어진다는 말이 있어요. 한국에는 둘이 먹다가 하나가 죽어도 모르겠다는 말이 있지요? 그 말을 처음 들었을 때 참 재미있는 속담이라고 생각했는데 우리나라 속담도 재미있는 것 같아요. 그런데 왜 뺨이 떨어진다고 했을까요? 사실 저도 그 이유를 모르겠어요.

어휘 뺨

놀이 **18**과

그 놀이에 대해서 좀 더 자세히 알고 싶은데요

학습 목표 알고 싶은 것이 있을 때 원하는 정보를 구할 수 있다.

같이 이야기해 봅시다.

- 친구들과 만나면 무엇을 하면서 놀아요?
- 한국의 전통 놀이를 해 본 적이 있어요?
- 어디에 가면 전통 놀이를 해 볼 수 있나요?

활동 I **알고 있는 재미있는 놀이가 있습니까? 그 놀이는 어떻게 하는 놀이인지 이야기해 봅시다.**

도전 10곡

3, 6, 9 게임

끝말 잇기

보기

저는 3, 6, 9 게임을 어떻게 하는지 알아요. 이 게임은 숫자를 차례대로 하나씩 말하다가 3, 6, 9가 들어가는 숫자는 말을 하지 않고 박수를 치는 거예요. 더 어렵게 하는 방법도 있는데 저는 잘 못해서 이렇게 해요. 1급 때 숫자를 배운 후에 선생님께서 가르쳐 주셨는데 쉽고 재미있어서 친구들하고 놀 때 많이 해요.

활동 Ⅱ 두 사람이 각각 참고에 있는 한국의 전통 놀이 중의 하나를 읽은 후 서로 질문을 해서 상대방이 읽은 놀이에 대해서 알아 봅시다.

정보를 구할 때 쓰는 상황 표현

- ________에 대해서 알고 싶은데요. 설명해 주실 수 있나요?
- ________에 대해서 아시면 좀 말씀해 주시겠어요?
- ________에 대해서 좀 더 자세히 가르쳐 주시겠어요?
- ________으려고/려고 하는데 어떻게 해야 할지 잘 모르겠어요. 좀 가르쳐 주세요.
- 그것은 어떤 것인가요? / ________을/를 할 때 조심해야 하는 것은 뭔가요?
- 그 밖에 중요한 것으로는 어떤 것이 있을까요?

보기

가 : 가족들이 참 즐거워 보여요. 이 놀이는 무슨 놀이인가요?

나 : 이건 투호라는 놀이예요.

가 : **투호는 어떤 놀이인가요? 투호에 대해서 좀 더 자세히 가르쳐 주시겠어요?**

나 : 두 팀으로 나눈 후 열 걸음쯤 떨어진 곳에서 귀가 달린 투호 병에 화살을 넣는 놀이예요. 화살을 많이 넣는 팀이 이기고요.

가 : 이 놀이는 보통 누가 했나요?

나 : 남자들도 했지만 궁이나 양반집에서 여자들이 많이 했어요.

가 : 그렇군요. 자세히 설명해 주셔서 고마워요.

나 : 고맙기는요.

활동 Ⅲ 두 팀으로 나누어 상대팀에서 생각한 것이 무엇인지 질문을 해서 맞춰 봅시다.

방법

1) 교실에 있는 학생들을 두 팀으로 나눈다.
2) 한 팀에서 하나의 물건을 정한다.
3) 다른 팀에서 열 번까지 질문을 해서 상대팀이 생각한 것을 맞춘다.

질 문

- 크기가 커요? 작아요?
- 색깔이 여러 가지예요?
- 주로 언제 사용하는 거예요?
- 우리가 자주 볼 수 있어요?
- 값이 비싸요?
-
-

대 답

크지 않아요.
네, 여러 가지예요.
공부할 때 많이 써요.
네, 날마다 봐요.
아니요.

참고

투호

투호는 마당에 귀가 달려 있는 투호 병을 놓고 두 팀으로 나눈 후 열 걸음쯤 떨어진 곳에서 화살을 던져 넣는 놀이이다. 왕이 살던 궁이나 양반집에서 많이 했다. 병의 크기는 여러 가지이고 화살은 파란색과 빨간색 두 가지이다. 이 놀이는 남자들도 많이 했지만 밖을 자유롭게 나갈 수 없었던 여자들이 집 안에서 많이 즐겼다.

그네뛰기

그네뛰기는 여자들이 주로 5월 단오 날이나 설날, 추석 같은 명절에 그네를 타고 노는 놀이이다. 그네를 뛸 때는 두 사람이 마주 보고 하거나 혼자 하는 방법이 있는데 보통 혼자 그네를 탄다. 이 놀이는 제일 높이 올라가는 사람이 이기게 되는데 승부를 결정하는 방법으로는 여러 가지가 있다. 가장 오래된 방법은 높은 나뭇가지를 발로 차는 사람이 이기는 것이다.

널뛰기

널뛰기는 두꺼운 나무를 놓고 양쪽에 한 사람씩 올라서서 높이 올라가는 놀이이다. 그네뛰기와 같이 여자들이 즐겨 한 놀이로 설날과 추석에 많이 했다. 가장 높이 뛴 사람이 이기거나 상대방을 떨어뜨리면 이기게 된다. 높이 올라갈 때는 1.5m쯤 올라간다. 특별한 운동 경기가 없었던 때에 여자들의 건강을 위한 좋은 놀이였고 특히 추운 겨울에 알맞은 놀이였다.

씨름

씨름은 두 사람이 마주 앉은 후 한 손으로는 다리띠를, 다른 손으로는 허리띠를 잡고 일어나서 상대방을 넘어뜨리는 경기이다. 특히 5월 단오나 추석에 많이 했는데 이기는 사람에게 소 한 마리를 주었고 남자들에게 인기가 많은 경기였다. 상대방의 몸을 땅에 먼저 닿게 하면 이기게 되는데 그 기술은 아주 많다. 요즘은 공식적인 운동 경기가 되어 해마다 대회가 열린다.

어휘 걸음 단오 마주 보다 승부 넘어뜨리다 닿다

유행 19과

요즘은 짧은 치마가 유행이에요

학습 목표 유행하는 것에 대해서 자신의 의견을 말할 수 있다.

같이 이야기해 봅시다.

- 요즘 유행하는 게 뭐예요?
- 여러분은 유행을 따르는 편인가요?
- 유행을 따르는 것에 대해서 어떻게 생각하세요?

어휘 유행을 따르다

활동 I **과거와 현재의 유행에 대해서 이야기해 봅시다.**

옷 영화

운동 다이어트 방법 화장법

음악 머리 모양

보기

유행을 잘 알 수 있는 것은 뭐니 뭐니 해도 옷이지요. 물론 패션은 매년 조금씩 다르지만 제가 중학교에 다녔을 때와 지금을 비교해 보면 아주 많이 달라요. 제가 중학생 때는 힙합이라는 음악 때문에 옷을 크게 입는 게 유행이었어요. 자기 치수보다 훨씬 더 큰 바지와 티셔츠를 입고 다녔지요. 그런데 요즘은 자신의 몸매를 예쁘게 보여 주는 옷이 유행이에요. 그래서 바지나 티셔츠 모두 몸에 꼭 맞게 입어요.

활동 II 유행하는 것에 대한 서로의 생각을 알아보고 의견을 말해 봅시다.

1. 3~4명이 한 조가 되어 다음 주제 중 하나를 고른 뒤 묻고 대답해 봅시다.

자신의 의견을 말할 때 쓰는 상황 표현

- 저는 ______________________ 는다고 봐요.
- 저는 ______________________ 는다고 생각해요.
- 제 생각에는 __________________ 는 것 같아요.
- 제가 생각하기에는 _____________ 는 것 같아요.
- 제가 보기에는 ________________ 는 것 같아요.

※ ________ 는다고 봐요(생각해요) ⇨ ________ 는다고/ㄴ다고/다고 봐요(생각해요)
________ 이라고/라고 봐요(생각해요)
________ 었다고/았다고/였다고 봐요(생각해요)
________ 을/ㄹ 거라고 봐요(생각해요)

※ ________ 는 것 같아요 ⇨ ________ 는 것 같아요
________ 은/ㄴ 것 같아요
________ 을/ㄹ 것 같아요

외국어 공부

- 왜 많은 사람들이 외국어를 공부하는 것 같아요?
- 외국어를 꼭 배워야 한다고 생각해요?
- 외국어를 배울 때 가장 좋은 방법은 뭐라고 생각해요?
-
-

어휘 의견

몸에 좋은 음식

- 왜 요즘 사람들이 건강에 관심이 많은 것 같아요?
- 사람들이 다이어트를 하는 것도 건강 때문인 것 같아요?
- 건강을 지키기 위한 가장 좋은 방법은 뭐라고 생각해요?
-
-

개인 홈페이지

- 왜 많은 사람들이 개인 홈페이지를 만드는 것 같아요?
- 개인 홈페이지가 있어서 좋은 점은 뭐라고 생각해요?
- 개인 홈페이지가 있어서 나쁜 점은 뭐라고 생각해요?
-
-

2. 이야기한 것을 정리해서 발표해 봅시다.

보기

우리는 '개인 홈페이지'에 대한 서로의 생각을 알아봤습니다. 먼저 왜 많은 사람들이 개인 홈페이지를 만드는지에 대해서 이야기해 봤습니다. 남들과 다르게 자신을 표현하기 위해서 홈페이지를 만든다는 의견과 바쁜 생활 속에서 서로에게 소식을 알리기 위해 만든다는 의견이 있었습니다. 그래서 홈페이지는 서로 만나기 힘들 때 상대방이 어떻게 지내는지 알 수 있게 해 줄 뿐만 아니라 그 사람의 생활 방식 등을 잘 보여 주는 장점이 있다고 생각했습니다. 하지만 홈페이지는 누구나 쉽게 볼 수 있기 때문에 사생활을 방해받는 단점도 있다고 생각했습니다. 이런 문제점만 해결된다면 현대 생활에서 자신을 알리는 방법으로 홈페이지만한 것이 없다고 생각합니다.

어휘 생활 방식 사생활

활동 Ⅲ 미래에는 무엇이 유행할 것 같습니까? 무엇이 유행할지 상상해서 말해 봅시다.

옷	취미	**외국어 공부**
음식	영화	미용 제품

보기

제 생각에는 미래에 한국말 배우기가 유행할 것 같아요. 한국 드라마, 영화, 노래 같은 것이 해외에 점점 더 많이 알려지면서 세계 여러 나라 사람들이 한국말에 관심을 갖게 될 것 같아요. 제 고향에는 벌써 한국 드라마와 영화 때문에 한국말을 배우기 시작한 사람들이 아주 많이 있어요. 그래서 세계 여러 나라에서 한국말 배우기 열풍이 일어날 것 같아요. 그렇게 되면 지금 한국말을 배우고 있는 우리에게는 아주 좋은 일이 되겠지요?

어휘 미용 제품 열풍

발전 20과 저는 휴대 전화가 꼭 필요하다고 생각합니다

학습 목표 생활의 발전이 가져온 좋은 점과 나쁜 점을 주장할 수 있다.

같이 이야기해 봅시다.

- 과거에는 없었는데 최근에 새롭게 나온 물건들로는 무엇이 있어요?
- 위의 그림에 있는 물건들은 우리 생활을 어떻게 달라지게 했어요?
- 미래에는 어떤 물건들이 나와서 우리 생활을 변화시킬까요?

어휘 발전

활동 I **현대에 새로 나온 물건이 우리 생활에 가지고 온 좋은 점과 나쁜 점을 이야기해 봅시다.**

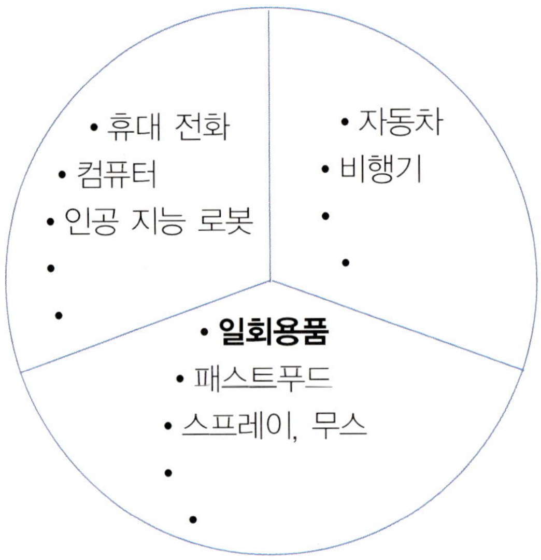

보기

저는 일회용품에 대해서 이야기하고 싶습니다. 일회용품은 우리 생활을 편리하게 만들었어요. 일회용품은 가벼울 뿐만 아니라 한 번 쓴 다음에는 버리면 되니까 어디에나 가지고 다니기 편리해요. 커피 자판기에서 뽑아 마시는 커피 종이컵, 소풍갈 때 가지고 가는 나무 젓가락, 종이 접시 … 정말 우리가 쓰고 있는 일회용품이 많습니다. 하지만 이 일회용품 때문에 환경 문제가 심각하다고 생각합니다. 쓰레기가 많아져서 지구가 더러워지고 있으니까요.

어휘 일회용품 환경 문제

활동 Ⅱ 다음 주제로 자신의 의견을 주장해 봅시다.

토론에서 주장할 때 쓰는 상황 표현

- 저는 ________는다고 생각합니다. 그래서 찬성(반대)합니다.
- 저는 ________이/가 좋다고 생각합니다. 왜냐하면 ________
- ________어야/아야/여야 한다고 말하고 싶습니다.
- 저도 같은 의견입니다.
- 저는 그렇게 생각하지 않습니다.

※ ________는다고 생각합니다. ⇨ ________는다고/ㄴ다고/다고 생각합니다.
________이라고/라고 생각합니다.
________었다고/았다고/였다고 생각합니다.
________을/ㄹ 거라고 생각합니다.

주 제

초등학생들이 휴대 전화를 가지고 다니면서 사용하는 것을 어떻게 생각하십니까?	
찬성	반대
• 아이들이 어디에 있는지 부모가 언제나 확인할 수 있다. • • •	• 아이들이 하루 종일 휴대 전화로 인터넷을 보거나 게임만 하는 경우가 많아질 것이다. • • •

어휘 토론하다 찬성하다 반대하다

20

사회자 : 지금부터 초등학생들의 휴대 전화 사용에 대해서 토론을 시작하겠습니다. 요즘 초등학생들의 휴대 전화 사용이 갈수록 늘어나고 있는데요. 좋은 점도 있고, 문제점도 있을 겁니다. 그래서 오늘 우리는 그 주제에 대해 이야기를 하려고 합니다. 먼저 찬성팀부터 의견을 말씀해 주십시오.

찬성팀 :

반대팀 :

활동 Ⅲ 우리의 미래는 어떻게 달라질까요? 50년 후 우리의 생활에 대해 여러 가지를 상상하여 이야기해 봅시다.

• 환경 문제가 매우 심각해질 것이다.	• **환경 문제가 없어질 것이다.**
• 종이로 된 책이나 신문은 없어질 것이다.	• 사람들은 계속 종이로 된 신문이나 책을 읽을 것이다.
• **전자 카드만 사용하고 종이돈은 없어질 것이다.**	• 카드는 카드대로, 현금은 현금대로 사용될 것이다.
• 로봇이 많아져서 직업이 없는 사람들이 많아질 것이다.	• 그동안 없었던 새로운 직업이 많아질 것이다.

보기

저는 환경 문제가 지금보다 심각해지지 않을 거라고 봅니다. 그동안은 발전만 생각하느라고 환경을 돌보지 못했지만, 지금은 많은 사람들이 환경에 관심을 갖고 있으니까 환경 문제를 해결할 수 있는 여러 가지 방법들이 나올 것 같습니다. 또 제 생각에는 종이돈이 없어질 것 같습니다. 종이돈은 젖을 수도 있고 찢어질 수도 있고 가짜를 만들 수도 있습니다. 미래에는 더 좋은 컴퓨터가 나올 테니까 돈 대신 전자 카드로 모든 것을 살 수 있을 것 같습니다.

교사 지침서

제1과

활동 I 두 사람이 짝이 되어 묻고 대답해 봅시다.

- 짝 활동
- 두 사람씩 짝을 지은 후 서로 묻고 대답하게 한다.
- 짝 활동이 끝난 후 옆 사람에게서 들은 이야기 중 한 가지를 말하게 한다.

활동 II 자기 자신을 생각하면 떠오르는 것을 세 가지 말하고 그것으로 자기소개를 해 봅시다.

- 전체 활동
- 먼저 자신하면 떠오르는 것 세 가지와 그 이유를 생각해 보게 한 후 보기와 같이 자기소개를 할 것임을 알린다.
- 학생이 발표한 자기소개는 다음의 체크리스트로 점수를 매기며 이를 사전에 학생들에게 설명한다.
- 학생 한 명씩 자기소개를 하게 지시하고 주어진 체크리스트를 토대로 학생의 발표를 평가하여 학생들에게 피드백을 준다.

■ 교사 체크리스트

평가 내용	평가점수				
	5점	4점	3점	2점	1점
● 이야기가 논리적이고 적절하였나?					
● 유창하게 말하였나?					
● 표현이 정확하였나?					

활동 III 자신의 물건 중에서 소중하게 생각하는 물건을 소개하고 그 이유를 말해 봅시다.

- 전체 활동
- 자신의 물건 중 소중한 물건을 생각하게 한다.
- 소중하게 생각하는 물건과 그 이유를 보기와 같이 말하게 한다.

제2과

활동 I 여러분은 어디에서 새로운 사람을 만납니까? 요즘 있었던 새로운 만남에 대해 이야기해 봅시다.

- 전체 활동 또는 짝 활동
- 최근에 경험한 새로운 첫 만남에 대해 생각하게 한다.
- 짝과 함께 질문/대답형식으로 첫 만남에서 어떤 대화를 했는지 말하게 한다. 중점을 두어야 하는 것은 처음 대화를 시작할 때 무슨 말을 했는지, 상황에 따라 대화가 어떻게 다른지 이야기하게 한다.

활동 II 다음 상황에 맞는 대화를 만들어서 역할극을 해 봅시다.

- 짝 활동
- 교사는 각 조별로 대화 상황을 선택해서 대화를 만들도록 지시한다.
- 대화를 만들 때 앞에 있는 상황 표현을 참고하여 상황에 맞게 만들도록 하고, 처음 대화를 시작할 때 무조건 자기소개를 하는 것으로 시작하지 않는다는 것을 주지시킨다.
- 조별로 만들어진 대화는 다음의 체크리스트로 점수를 매기며 이를 사전에 학생들에게 설명한다.
- 각 조에서 만들어진 대화로 역할극을 하도록 지시하고, 체크리스트를 토대로 각 조의 역할극을 평가하여 학생들에게 피드백을 준다. (시간과 학생들 수준에 따라 한 가지 상황만이 아니라 더 많은 상황극도 만들 수 있다.)

■ 교사 체크리스트

평가 내용	평가점수				
	5점	4점	3점	2점	1점
● 대화가 상황에 적절하였나?					
● 주어진 상황 표현을 적절히 사용하였나?					
● 실제와 같이 자연스럽게 전개하였나?					
● 유창하게 말하였나?					
● 표현이 정확하였나?					

활동 Ⅲ **사람을 처음 만났을 때 중요하게 보는 것은 무엇입니까? 그것에 대해 같이 이야기 해 봅시다.**

- 전체 활동
- 학생들이 사람을 처음 만났을 때 중요하게 보는 것에 대해, 제시된 것들과 그 밖의 것을 생각해 보게 한다.
- 보기와 같이 발표하게 한다.

제3과

활동 Ⅰ **우리는 날마다 또는 가끔 외출을 합니다. 외출에 대해서 서로 이야기해 봅시다.**

- 전체 활동 또는 짝 활동
- 본 활동으로 가기 위한 전 활동으로서 외출에 대해 생각하게 한다. 여기에서의 외출의 개념은 가볍게 몇 시간을 밖에서 지내는 것을 말한다.
- 표에 제시된 대로 질문/대답을 하도록 한다.

활동 Ⅱ **적당한 외출 장소를 추천해 봅시다.**

- 짝 활동
- 교사는 각 조별로 대화 상황을 선택해서 대화를 만들도록 지시한다.
- 대화를 만들 때 앞에 있는 상황 표현을 참고하여 상황에 맞게 만들도록 한다.
  상황 표현은 대화를 전제로 하여 질문과 대답의 관계로 되어 있다.
- 조별로 만들어진 대화는 다음의 체크리스트로 점수를 매기며 이를 사전에 학생들에게 설명한다.
- 각 조에서 만들어진 대화로 역할극을 하도록 지시하고, 체크리스트를 토대로 각 조의 역할극을 평가하여 학생들에게 피드백을 준다.

■ 교사 체크리스트

평가 내용	평가점수				
	5점	4점	3점	2점	1점
● 대화가 논리적이고 적절하였나?					
● 주어진 상황 표현을 적절히 사용하였나?					
● 추천하는 이유가 논리적이어서 정보 제공이 잘 이루어졌나?					
● 유창하게 말하였나?					
● 표현이 정확하였나?					

활동 Ⅲ **여러분은 다음과 같은 날에 어디에 가고 싶습니까? 특별한 날, 특별한 외출에 대해서 이야기해 봅시다. 다음의 주제 중에서 한 가지를 선택하십시오.**

- 전체 활동
- 한 가지 주제를 선택하여 이야기하게 한다. 이 때 여행과 같은 장기적이고 먼 곳에 가는 것이 아니라 가볍게 오후나 저녁 시간을 보내기에 적당한 곳을 말하게 한다.
- 보기와 같이 발표하게 한다.

제4과

활동 Ⅰ **자주 가는 쇼핑 장소를 소개하고 그 이유를 말해 봅시다.**

- 전체 활동
- 자신이 자주 가는 쇼핑 장소와 그 이유를 생각해 보게 한다.
- 보기와 같이 발표하게 한다.

활동 Ⅱ **쇼핑 장소의 특성을 비교하고 역할극을 해 봅시다.**

1. 다음 쇼핑 장소에서 옷을 살 때 다른 점은 무엇입니까?

- 전체 활동
- 백화점, 시장, 상설 할인 매장에서 옷을 살 때 다른 점을 메모하며 생각해 보게 한다.

– 메모한 것을 같이 이야기한다.

– 학생들이 어려워할 경우 교사가 다음과 같이 유도한다.

쇼핑 장소	특성
백화점	• 수선을 무료로 해 주는 곳이 많다. 학생의 예상답변 : • 교환과 환불이 가능하다. • 일반적인 사이즈가 모두 준비되어 있고 매장에 사이즈가 없는 경우 주문할 수 있다 • 디자이너 옷은 맞출 수 있다.
시장	• 옷을 입어 볼 수 없는 곳이 많다. 학생의 예상답변 : • 교환은 가능하지만 환불은 되지 않는 곳이 많다. • 수선은 그 가게에서 해 주지 않는 경우가 많다.
상설 할인 매장	• 작년 상품을 50~70% 할인한다. 학생의 예상답변 : • 원하는 색이나 디자인이 없는 경우가 있다. • 교환은 가능하지만 환불은 되지 않는 곳이 많다. • 수선은 그 가게에서 해 주지 않는 경우가 많다.

2. 다음 중 하나를 고른 후 옷을 파는 점원과 손님이 되어 대화를 해 봅시다.

– 교사는 각 조별로 대화 상황을 선택해서 상황에 맞는 대화를 만들어 보도록 지시한다.

– 조별로 만들어진 대화는 다음의 체크리스트로 점수를 매기며 이를 사전에 학생들에게 설명한다.

– 각 조에서 만들어진 대화로 역할극을 하도록 지시하고, 체크리스트를 토대로 각 조의 역할극을 평가하여 학생들에게 피드백을 준다.

■ 교사 체크리스트

평가 내용	평가점수				
	5점	4점	3점	2점	1점
● 각 상황에 맞게 대화를 만들었나?					
● 주어진 상황 표현을 적절히 사용하였나?					
● 대화 상황이 실제와 같이 자연스러웠나?					
● 유창하게 말하였나?					
● 표현이 정확하였나?					

활동 III 여러분만이 알고 있는 쇼핑 정보가 있습니까? 좋은 쇼핑 정보를 친구들과 이야기 해 봅시다.

- 전체 활동
- 보기에 나와 있는 다섯 가지 방법이나 그 밖의 알고 있는 것을 생각해 보게 한다.
- 한 가지를 보기와 같이 발표하게 한다.

제5과

활동 I 다음과 같은 곳을 이용하고 싶을 때 무엇을 물어보면 좋을까요?

- 전체 활동
- 학생들에게 학교 시설에는 어떤 것들이 있는지 물어보고 그곳을 이용할 때 어떤 점들을 문의하는지 발표하게 한다. 사무실, 도서관, 수영장 등을 말하고, 또 다른 시설에 대해 학생들이 말하면 그것도 함께 이야기해 본다.

시설	문의 내용
한국어학당 사무실	• 등록금은 언제까지 내야 해요? • 학생증을 잃어버렸는데 어떻게 하지요? 예상답변 : • 컴퓨터는 몇 시까지 이용할 수 있어요?
도서관	• 책을 몇 권 빌릴 수 있나요? • 언제까지 돌려줘야 하나요? 예상답변 : • 신문은 어디에서 볼 수 있어요?
수영장	• 몇 시부터 몇 시까지 이용할 수 있어요? • 한 달에 얼마예요? 예상답변 : • 주말에도 사용할 수 있나요?
예상답변 체육관	예상답변 : • 무슨 운동을 할 수 있어요? • 언제 사용할 수 있어요? • 누구나 사용할 수 있나요?

활동 Ⅱ 다음 상황에 맞게 대화를 만들어 봅시다.

- 짝 활동
- 먼저 문의에 대한 상황 표현을 익히고, 상황에 맞는 대화를 보기와 같이 문의하는 사람과 담당자가 되어 만들도록 지시한다. 안내 책자에 쓰여 있는 기숙사와 도서관에 대해 문의하는 질문과 대답을 만들도록 한다. 시간에 따라 둘 중 한 가지를 하도록 한다.
- 조별로 만들어진 대화는 다음의 체크리스트로 점수를 매기며 이를 사전에 학생들에게 설명한다.
- 각 조에서 만들어진 대화로 역할극을 하도록 지시하고, 체크리스트를 토대로 각 조의 역할극을 평가하여 학생들에게 피드백을 준다.

■ 교사 체크리스트

평가 내용	평가점수				
	5점	4점	3점	2점	1점
● 안내 책자 내용을 적절히 활용하였나?					
● 대화가 논리적이고 질문, 대답이 적절했나?					
● 주어진 상황 표현을 적절히 사용하였나?					
● 유창하게 말하였나?					
● 표현이 정확하였나?					

활동 Ⅲ 다음 학교 안내 게시판을 보고, 친구에게 그 내용을 안내해 주십시오.

- 전체 활동 또는 조 활동 (남은 시간에 따라 다르게 함.)
- 안내하는 글을 보고 친구에게 말하는 것처럼 자연스러운 말하기로 안내하도록 유도한다.
- 남은 시간에 따라 세 가지 또는 한 가지를 선택하여 안내하도록 한다.

제6과

활동 I 여러분은 공공시설에서 무엇을 요청한 적이 있습니까? 요청한 경험과 그 이유를 이야기해 봅시다.

- 전체 활동
- 제시된 공공시설이나 그 밖의 공공시설에서 무엇을 요청한 경험이 있는지 생각해 보게 한다.
- 한 가지를 보기와 같이 발표하게 한다.

활동 II 공공시설을 이용할 때 원하는 것을 요청해 봅시다. 다음 중 하나를 골라 상황에 맞는 대화를 만들어 보십시오.

- 짝 활동
- 교사는 각 조별로 대화 상황을 선택해서 대화를 만들어 보도록 지시한다.
- 이때 굵은 글씨로 표시된 요청 가능한 부분은 꼭 요청하도록 주지시키며 앞에 있는 상황 표현을 참고로 하여 만들게 한다.
- 조별로 만들어진 대화는 다음의 체크리스트로 점수를 매기며 이를 사전에 학생들에게 설명한다.
- 각 조에서 만들어진 대화로 역할극을 하도록 지시하고, 체크리스트를 토대로 각 조의 역할극을 평가하여 학생들에게 피드백을 준다.

■ 교사 체크리스트

평가 내용	평가점수				
	5점	4점	3점	2점	1점
● 대화가 상황에 적절하였나?					
● 주어진 상황 표현을 적절히 사용하였나?					
● 각 상황에 따른 요청이 잘 이루어졌나?					
● 유창하게 말하였나?					
● 표현이 정확하였나?					

활동 Ⅲ 공공시설을 이용하는 방법이 여러분 나라와 어떻게 다른지 이야기해 봅시다.

- 전체 활동
- 제시된 것이나 그 밖의 것 중 하나를 골라 한국과 고향의 공공시설 이용 방법이 어떻게 다른지 생각해 보게 한다.
- 보기와 같이 발표하게 한다.

제7과

활동 Ⅰ 다음 생활 지수가 나타내는 날씨는 어떤 날씨일까요? 이야기해 봅시다.

- 전체 활동
- 네 가지 생활 지수 그림을 보고 그것을 종합하여 그 날의 날씨를 추측하게 한다.
- 전체 활동으로 교사는 한 사람씩 시키거나 전체가 의견을 모아 날씨를 추측하게 할 수 있다.

활동 Ⅱ 생활 지수 그림을 보고, 보기와 같이 그 날씨에 맞는 생활 계획을 세워 봅시다. 하루를 선택해서 짝과 함께 이야기해 봅시다.

- 짝 활동
- 일주일의 달력을 보고 그 중 하루를 선택하여 그날 날씨에 맞는 계획을 세우도록 한다.
- 대화의 내용은 각자 계획을 물어 보거나, 두 사람이 같이 계획을 세우는 내용이 된다.
- 옷차림이나 쇼핑, 독서, 주의할 점, 그 날에 할 일 등등 세세한 생활 계획을 세우도록 유도한다.
- 조별로 만들어진 대화는 다음의 체크리스트로 점수를 매기며 이를 사전에 학생들에게 설명한다.
- 각 조에서 만들어진 대화를 발표하도록 지시하고, 체크리스트를 토대로 각 조의 대화를 평가하여 학생들에게 피드백을 준다.

■ 교사 체크리스트

평가 내용	평가점수				
	5점	4점	3점	2점	1점
● 그 날 날씨에 맞는 계획을 세웠나? (세 가지 생활 지수 그림에 맞는 계획인가?)					
● 상황 표현을 적절히 사용하였나?					
● 내용이 자세하고 풍부했나?					
● 유창하게 말하였나?					
● 표현이 정확하였나?					

활동 Ⅲ 여러분은 생활 속에서 무엇을 보고 날씨를 예측할 수 있습니까?

- 전체 활동
- 자신의 나라에서 날씨를 예측하게 하는 현상이나 속설이 있거나 개인적으로 느끼는 현상이 있으면 발표하게 한다.
- 전체 활동으로 남은 시간에 따라 발표하는 사람의 수를 제한한다.

제8과

활동 Ⅰ 봄, 여름, 가을, 겨울 각 계절에 어디로 여행을 가는 것이 좋습니까? 각 계절에 어떤 여행을 하면 좋은지 이야기해 봅시다.

- 전체 활동
- 봄, 여름, 가을, 겨울에 하기 좋은 여행을 생각해 보게 한다.
- 보기와 같이 계절에 어울리는 여행을 말하게 한다. 이때 한 사람이 한 가지씩 말하게 하되 전체적으로는 4계절에 어울리는 여행을 다 살펴본다.

활동 Ⅱ 친구와 여름 방학 여행을 가기로 했지만 가고 싶은 곳이 서로 다릅니다. 가고 싶은 곳이 다른 두 사람이 상대방을 설득하여 여행지를 결정해 보십시오.

- 짝 활동

- 두 사람씩 짝을 지은 후 가고 싶은 곳을 서로 다르게 정하게 한다.
- 교사는 각 조별로 상대방을 설득하여 최종 여행지를 결정하는 대화를 만들어 보도록 지시한다. 이때 앞에 있는 상황 표현을 참고하여 만들도록 한다.
- 조별로 만들어진 대화는 다음의 체크리스트로 점수를 매기며 이를 사전에 학생들에게 설명한다.
- 각 조에서 만들어진 대화를 발표하도록 지시하고, 체크리스트를 토대로 각 조의 대화를 평가하여 학생들에게 피드백을 준다.

■ 교사 체크리스트

평가 내용	평가점수				
	5점	4점	3점	2점	1점
● 대화가 논리적이고 적절하였나?					
● 주어진 상황 표현을 적절히 사용하였나?					
● 설득하는 과정이 논리적이었나?					
● 유창하게 말하였나?					
● 표현이 정확하였나?					

활동 III 여러분이 알고 있는 좋은 여행지가 있으면 소개해 봅시다.

- 전체 활동
- 여러 여행지 중에서 알고 있는 좋은 여행지를 하나 생각해 보게 한다.
- 보기와 같이 한 가지를 발표하게 한다.

제9과

활동 I 무엇을 하면서 어린 시절을 보냈습니까? 어린 시절에 했던 일들에 대해서 이야기해 봅시다.

- 전체 활동
- 어린 시절에 했던 일을 생각하게 한다.
- 보기와 같이 한 가지를 발표하게 한다.

활동 II 추억 속에 남아 있는 사람이나 장소 중의 하나를 묘사해 봅시다.

- 전체 활동
- 자신의 추억 속에 남아 있는 사람이나 장소를 하나 생각하게 한 뒤 그것을 그림을 그리듯 말로 묘사하게 한다. 이때 보기 위에 제시한 요소들을 중점으로 설명하게 하며 앞에 있는 상황 표현을 참고하여 만들도록 한다.
- 학생이 발표하는 내용은 다음의 체크리스트로 점수를 매기며 이를 사전에 학생들에게 설명한다.
- 학생 한 명씩 발표하도록 지시하고, 체크리스트를 토대로 학생들의 발표를 평가하여 학생들에게 피드백을 준다.

■ 교사 체크리스트

평가 내용	평가점수				
	5점	4점	3점	2점	1점
● 인물이나 장소의 묘사가 잘 이루어졌나?					
● 주어진 상황 표현을 적절히 사용하였나?					
● 유창하게 말하였나?					
● 표현이 정확하였나?					

활동 III 한국에서 있었던 일 중에서 무엇이 추억으로 남을 것 같은지 이야기해 봅시다.

- 전체 활동
- 한국에서 있었던 일 중에서 무엇이 추억으로 남을 것 같은지 생각하게 한다.
- 보기와 같이 발표하게 한다.

제10과

활동 I 다음 그림을 보고 이야기해 봅시다.

- 전체 활동
- 그림이 무엇을 말하는지 전체적으로 학생들에게 물어보고, 자유롭게 대답하게 한다. 그리고 그림과 같은 한국 문화(술자리 문화, 무엇이든지 빨리 하는 문화)에 대한 자신의 생각과 그것과 관련된 경험이 있으면 자유롭게 말하게 한다.

활동 II 다음 주제 중 한 가지를 선택해서 자신의 나라와 무엇이 다른지 차이점을 이야기해 봅시다.

- 소집단 활동
- 먼저 3-4명이 한 조를 이루어, 주제를 선택해, 자신의 나라와 다른 특별한 한국 문화에 대해 이야기하게 한다. 주제는 한 가지를 고르고, 보기와 같이 간단하게 세 가지 특성을 쓰게 한다. 이 때 제시된 주제 이외에 다른 주제로 말하고 싶으면 다른 것을 말할 수 있다.
- 전체적으로 소집단에서 정리한 주제와 특성을 발표하게 한다. 이 때 각 조원은 자신의 집단에서 고른 주제와 특성을 말할 때, 한국의 특별한 문화가 자신의 나라와 어떤 점에서 다른지, 왜 특별하다고 생각했는지 돌아가면서 발표한다.
- 소집단 발표는 다음의 체크리스트로 점수를 매기며 이를 사전에 학생들에게 설명한다.
- 체크리스트를 토대로 각 소집단의 발표를 평가하여 학생들에게 피드백을 준다.

■ 교사 체크리스트

평가 내용	평가점수				
	5점	4점	3점	2점	1점
● 주제에 따른 세 가지 특성이 적절하였나?					
● 상황 표현을 적절히 사용하여 차이점을 잘 말하였나?					
● 내용 설명이 자세하고 구체적이었나?					
● 유창하게 말하였나?					
● 표현이 정확하였나?					

활동 III 한국 생활을 끝내고 자기 나라로 돌아갈 때 무엇을 가지고 가겠습니까? 다음 중 한 가지를 선택해서 이야기해 봅시다.

- 전체 활동
- 전체적으로 자기 나라로 돌아갈 때 무엇을 가지고 갈지 자유롭게 말하도록 한다.

제11과

활동 I 기억에 남는 모임에 대해 이야기해 봅시다.

- 전체 활동
- 교사는 제시된 내용이나 그 외에, 기억에 남는 모임에 대한 경험을 가볍게 말하도록 시킨다.

활동 II 두 사람이 짝이 되어 한 사람은 모임에 초대를 하고, 다른 한 사람은 그 초대를 받아들이거나 거절하는 역할극을 해 봅시다.

- 짝 활동
- 주어진 상황 표현을 보고, 초대에 대한 역할극을 하도록 시킨다. 주어진 상황에 맞게 초대에 응하든지 불응하든지 선택해서 역할극을 한다.
- 조별로 만들어진 대화는 다음의 체크리스트로 점수를 매기며 이를 사전에 학생들에게 설명한다.
- 각 조에서 만들어진 대화로 역할극을 하도록 지시하고, 체크리스트를 토대로 각 조의 역할극을 평가하여 학생들에게 피드백을 준다.

■ 교사 체크리스트

평가 내용	평가점수				
	5점	4점	3점	2점	1점
● 초대와 그에 대한 응답 과제를 상황에 맞게 하였나?					
● 대화의 마무리가 자연스럽게 잘 되었나?					
● (초대에 응할 때) 반응이 적절하고, 그 다음 이야기(초대시간, 무엇을 할지, 무엇이 필요한지 등등)를 잘 이어갔나? (초대에 응하지 않을 때) 거절의 이유가 적절하고, 태도가 부드러워서 상대방이 상처를 받지 않도록 이야기했나?					
● 유창하게 말하였나?					
● 표현이 정확하였나?					

활동 Ⅲ 다음과 같은 초대를 받았을 때, 나만의 특별한 선물을 가지고 간다면 어떤 선물을 준비하겠습니까?

- 전체 활동
- 선물을 가지고 가야 하는 모임에 특별하고 적절한 선물로 무엇이 좋은지 의견을 말하는 활동이다.
- 보기를 보고 시간에 따라 가볍게 자신의 의견을 말하도록 한다.

제12과

활동 Ⅰ 여러분은 살면서 어떤 고민을 해 왔습니까? 여러분이 했던 고민 중 한 가지를 이야기해 봅시다.

- 전체 활동
- 제시된 시절 중 하나를 골라 그때 어떤 고민을 했는지 생각하게 한다.
- 보기와 같이 발표하게 한다.

활동 Ⅱ 다음 중 하나를 골라 고민하는 사람과 상담자가 되어 고민을 듣고 조언을 해 봅시다.

- 짝 활동
- 제시된 고민 상황 중 하나를 고른 후 한 사람은 고민을 말하고 다른 한 사람은 그에 대한 조언을 하는 대화를 만들게 한다. 이때 앞에 있는 상황 표현을 참고하여 만들도록 한다.
- 대화가 끝나면 역할을 바꿔 상담자 역할을 한 사람이 다른 상황 한 가지를 골라 고민을 말하고 다른 한 사람은 조언을 하는 대화를 만들게 한다. 역시 앞에 있는 상황 표현을 참고하여 만들도록 한다.
- 조별로 만들어진 대화는 다음의 체크리스트로 점수를 매기며 이를 사전에 학생들에게 설명한다.
- 각 조에서 만들어진 대화로 역할극을 하도록 지시하고, 체크리스트를 토대로 각 조의 역할극을 평가하여 학생들에게 피드백을 준다.

■ 교사 체크리스트

평가 내용	평가점수				
	5점	4점	3점	2점	1점
● 대화가 논리적이고 적절하였나?					
● 주어진 상황 표현을 적절히 사용하였나?					
● 고민에 대한 적절한 조언을 하였나?					
● 유창하게 말하였나?					
● 표현이 정확하였나?					

활동 Ⅲ **지금까지 살면서 들은 조언 중 가장 좋았던 것은 무엇입니까? 언제 어떤 이야기를 들었는지 이야기해 봅시다.**

- 전체 활동
- 지금까지 살면서 가장 좋았던 조언이 무엇이며 언제 들었는지 생각하게 한다.
- 보기와 같이 발표하게 한다.

제13과

활동 Ⅰ **이웃 간에 지켜야 할 예절로는 어떤 것이 있는지 이야기해 봅시다.**

- 전체 활동
- 제시된 곳이나 그 밖의 곳에서 이웃 간의 지켜야 할 예절들을 생각해 보게 한다.
- 지켜야 할 예절들을 말하게 한다.

활동 Ⅱ **다음 중 하나를 골라서 이웃 간의 문제를 부드럽게 말하는 역할극을 만들어 봅시다.**

- 짝 활동
- 교사는 각 조별로 대화 상황을 선택해서 이웃 간의 문제를 부드럽게 말하는 대화를 만들어 보도록 지시한다. 이때 앞에 있는 상황 표현을 참고로 하여 만들게 한다. (시간과 학생들 수준에 따라 역할을 바꿔 또 다른 상황에 대한 역할극을 만들 수 있다.)

- 조별로 만들어진 대화는 다음의 체크리스트로 점수를 매기며 이를 사전에 학생들에게 설명한다.
- 각 조에서 만들어진 대화로 역할극을 하도록 지시하고, 체크리스트를 토대로 각 조의 역할극을 평가하여 학생들에게 피드백을 준다.

■ 교사 체크리스트

평가 내용	평가점수				
	5점	4점	3점	2점	1점
● 대화가 논리적이고 적절하였나?					
● 주어진 상황 표현을 적절히 사용하였나?					
● 불편한 점을 억양, 표정 등을 담아 부드럽게 말하였나?					
● 유창하게 말하였나?					
● 표현이 정확하였나?					

활동 III 지금 사는 곳에 새로 이사 온 이웃이 있다면 그 동네에 대한 어떤 정보를 주겠습니까?

- 전체 활동
- 새로 이사 온 이웃에게 주고 싶은 정보를 한두 가지 생각하게 한다.
- 보기와 같이 발표하게 한다.

제14과

활동 I 요즘 들은 뉴스 중 한 가지를 이야기해 봅시다.

- 전체 활동
- 가벼운 전체 활동으로 교사는 학생들에게 요즘 들은 뉴스 중 기억나는 것을 한 가지씩 말하도록 시킨다.
- 도입 활동이므로 길게 말하지 않고 간단하게 어떤 뉴스에 관심이 있는지, 무엇이 생각나는지 물어본다.

활동 Ⅱ 다음 신문 기사를 읽고, 한 사람은 그 기사를 전달하고 또 한 사람은 그 이야기를 듣고 질문을 해 봅시다.

- 짝 활동
- 짝에 의한 평가
- 두 명씩 짝을 이루어 같은 신문 기사를 제한 시간 내에 읽게 한다. 두 사람 모두 신문 기사 1을 7분 동안 읽는다. 그 때 사전을 봐도 된다. (미리 전 시간에 사전을 준비하라고 해도 좋다.) 그 후 한 사람은 그 이야기를 자신의 말로 풀어서 짝에게 보기와 같이 말해주고 (질문하기는 보지 않도록 해야 한다.), 짝은 상대방이 말하는 내용을 듣고 '질문하기' 를 한다. '질문하기' 의 내용 중 상대방이 이야기를 다 했다면 그 내용은 빼고 질문을 한다. 상대방이 말한 내용을 듣고 짝이 체크리스트에 따라 말하기 평가를 한다.
- 신문 기사 2는 짝끼리 역할을 바꾸어, 7분 간 읽는다. 그 후 한 사람은 그 이야기를 짝에게 정리해서 보기와 같이 말하고, 짝은 상대방의 이야기를 듣고 질문하고, 체크리스트에 따라 말하기 평가를 한다.
- 제한 시간 7분을 정확히 지킨다.
- 교사는 두 번의 활동이 끝난 다음 학생들이 평가한 내용을 발표하게 한다. 이는 수업 마무리 활동으로 전체적으로 정리하는 시간이며 이 때 교사는 평가 분위기가 심각해지지 않도록 유도하며, 가볍게 친구에 대한 평가를 하도록 한다.

■ 동료 학생의 체크리스트

평가 내용	평가점수				
	5점	4점	3점	2점	1점
● 기사 내용을 모두 잘 전달했나?					
● 이야기가 자연스럽게 연결되었나?					
● 발음과 억양이 정확했나?					

- 최종적으로 교사는 짝 활동이 협조적으로 이루어졌는지 전체적으로 보고 가볍게 평가한다. 학생들의 활동을 하나씩 보기 힘든 상황이므로 전체적으로 볼 수 있는 것을 평가한다.

평가 내용	평가점수				
	5점	4점	3점	2점	1점
● 각 조는 활동 규칙을 잘 지켰나? (시간, 보지 않고 말하기 등)					
● 조원은 서로 협조적이었나?					
● 유창하게 말하였나?					
● 표현이 정확하였나?					

활동 Ⅲ 기사 제목을 보고 그 내용을 추측해서 말해 봅시다.

- 전체 활동
- 제시된 제목을 보고 그 내용을 추측하게 한다.
- 한 사람이 한 가지를 추측하게 하며, 그 추측의 내용은 달라도 된다.
- 추측이 논리적이고 타당한지를 보는 말하기 활동이다.

제15과

활동 Ⅰ 다음 그림의 사람이 무슨 말을 할지 상상하여 말해 봅시다. 말할 때 호칭을 사용하십시오.

- 전체 활동
- 그림을 보고 호칭을 잘 사용하여 무슨 말을 할지 추측하게 한다.
- 다양한 호칭에 대해 배우는 활동이다.

활동 Ⅱ 다음 상황에 맞는 역할극을 해 봅시다. 상대방에게 알맞은 호칭을 사용하십시오.

- 짝 활동
- 박지윤이라는 한 인물이 여러 상황에 맞게 부탁하는 상황이 설정되어 있다. 중점을 두어야 할 것은 상대방에게 맞는 호칭이며, 관계를 생각하고 적절한 호칭을 사용하도록 이끈다.
- 상황 표현을 참고하여 상황에 맞게 부탁하는 역할극을 만들도록 지시한다.
- 한 가지 상황을 선택하도록 한다.
- 조별로 만들어진 대화는 다음의 체크리스트로 점수를 매기며 이를 사전에 학생들에게 설명한다.
- 각 조에서 만들어진 대화로 역할극을 하도록 지시하고, 체크리스트를 토대로 각 조의 역할극을 평가하여 학생들에게 피드백을 준다.

■ 교사 체크리스트

평가 내용	평가점수				
	5점	4점	3점	2점	1점
● 호칭을 적절히 사용했나?					
● 부탁하는 태도가 공손했나?					
● 대화 내용이 상황에 적절했나?					
● 대화 전개가 자연스러웠나?					
● 유창하게 말하였나?					
● 표현이 정확하였나?					

활동 Ⅲ **한국어에는 여러 가지 호칭이 있습니다. 호칭을 잘못 사용하거나, 어떻게 불러야 할지 몰라서 힘들었던 경험이 있으면 이야기해 봅시다.**

- 전체 활동
- 각자 호칭과 관계가 있는 실수담을 발표하도록 한다.
- 전체 활동으로 남은 시간에 따라 발표하는 사람의 수를 조정한다.

제16과

활동 Ⅰ **다음은 직장을 선택할 때 무엇을 중요하게 생각하는지에 대한 인터넷 조사 결과입니다. 여러분은 직장을 선택할 때 무엇을 제일 중요하게 생각합니까?**

- 전체 활동
- 직장을 선택할 때 가장 중요하게 생각하는 것과 그 이유를 생각해 보게 한다.
- 보기와 같이 발표하게 한다.

활동 Ⅱ **다음 중 하나를 고른 후 직장에서 허락을 구하는 역할극을 해 봅시다.**

- 짝 활동

- 교사는 각 조별로 대화 상황을 선택해서 직장 내에서 허락을 구하는 대화를 만들어 보도록 지시한다. 이때 상대방이 좀 더 구체적인 이유를 물어 자세한 이유를 말하도록 하며 앞에 있는 상황 표현을 참고하여 만들게 한다. (시간과 학생들 수준에 따라 역할을 바꿔 또 다른 상황에 대한 역할극을 만들 수 있다.)
- 조별로 만들어진 대화는 다음의 체크리스트로 점수를 매기며 이를 사전에 학생들에게 설명한다.
- 각 조에서 만들어진 대화로 역할극을 하도록 지시하고, 체크리스트를 토대로 각 조의 역할극을 평가하여 학생들에게 피드백을 준다.

■ 교사 체크리스트

평가 내용	평가점수				
	5점	4점	3점	2점	1점
● 대화가 상황에 적절하였나?					
● 주어진 상황 표현을 적절히 사용하였나?					
● 허락을 구하는 이유를 잘 말하고 공손하게 말하였나?					
● 유창하게 말하였나?					
● 표현이 정확하였나?					

활동 III 만약 복권에 당첨된다면 직장을 어떻게 하시겠습니까?

- 전체 활동
- 100억 원의 복권에 당첨된다면 직장을 어떻게 할지 생각해 보게 한다.
- 보기와 같이 발표하게 한다.

제17과

활동 I 다음은 한국의 속담입니다. 다음 속담의 뜻이 무엇인지 추측해 봅시다.

- 전체 활동
- 제시된 속담 중 아는 것이 있는지 먼저 질문하고, 추측해 보게 한다.
- 활동 I은 활동 II의 도입 활동으로서 교사가 속담의 의미를 설명한다.

활동 Ⅱ 위의 속담 중 하나를 골라 그 속담이 들어가는 상황극을 만들어 봅시다.

– 짝 활동
– 활동 I에서 배운 속담 중 하나를 골라 그 속담에 어울리는 상황을 설정하여, 속담을 인용하여 말하는 대화를 만들도록 이끈다.
– 조별로 만들어진 대화는 다음의 체크리스트로 점수를 매기며 이를 사전에 학생들에게 설명한다.
– 각 조에서 만들어진 대화로 상황극을 하도록 지시하고, 체크리스트를 토대로 각 조의 상황극을 평가하여 학생들에게 피드백을 준다.

■ 교사 체크리스트

평가 내용	평가점수				
	5점	4점	3점	2점	1점
● 속담과 상황이 잘 어울렸나?					
● 속담 인용 표현이 정확했나?					
● 대화 전개가 자연스러웠나?					
● 유창하게 말하였나?					
● 표현이 정확하였나?					

활동 Ⅲ 여러분 나라에 재미있는 속담이 있으면 소개해 보십시오.

– 전체 활동
– 각 나라의 속담 중 재미있는 속담을 소개하도록 한다.
– 시간 사정에 따라 몇 사람 또는 전체가 발표하도록 한다.

제18과

활동 I **알고 있는 재미있는 놀이가 있습니까? 그 놀이는 어떻게 하는 놀이인지 이야기해 봅시다.**

- 전체 활동
- 알고 있는 재미있는 놀이를 생각해 보게 한다.
- 보기와 같이 놀이 방법을 간단히 설명하게 한다.

활동 II **두 사람이 각각 참고에 있는 한국의 전통 놀이 중의 하나를 읽은 후 서로 질문을 해서 상대방이 읽은 놀이에 대해서 알아 봅시다.**

- 짝 활동
- 두 사람에게 각각 참고에 있는 한국의 전통 놀이 중의 하나를 읽게 한다. 그리고 한 사람이 질문을 해서 상대방이 읽은 놀이에 대해서 알아보게 한다. 이때 앞에 있는 상황 표현을 참고로 만들게 한다.
- 한 놀이에 대한 정보 구하기가 끝나면 역할을 바꿔 앞서 대답한 사람이 질문을 해서 상대방이 읽은 놀이에 대해서 알아보게 한다.
- 조별로 만들어진 대화는 다음의 체크리스트로 점수를 매기며 이를 사전에 학생들에게 설명한다.
- 각 조에서 만들어진 대화를 발표하도록 지시하고, 체크리스트를 토대로 각 조의 대화를 평가하여 학생들에게 피드백을 준다.

■ 교사 체크리스트

평가 내용	평가점수				
	5점	4점	3점	2점	1점
● 대화가 상황에 적절하였나?					
● 주어진 상황 표현을 적절히 사용하였나?					
● 놀이에 대한 정보를 잘 구하였나?					
● 유창하게 말하였나?					
● 표현이 정확하였나?					

활동 Ⅲ 두 팀으로 나누어 상대편에서 생각한 것이 무엇인지 질문을 해서 맞춰 봅시다.

- 전체 활동
- 두 팀으로 나눈 후 한 팀에서 하나의 물건을 정하게 한다.
- 다른 팀에서 10번의 질문을 해서 상대팀이 생각한 것을 맞추게 한다.

제19과

활동 Ⅰ 과거와 현재의 유행에 대해서 이야기해 봅시다.

- 전체 활동
- 제시된 것이나 그 밖의 것 중의 하나를 골라 과거와 현재 유행 경향에 대해 생각해 보게 한다.
- 보기와 같이 발표하게 한다.

활동 Ⅱ 유행하는 것에 대한 서로의 생각을 알아보고 의견을 말해 봅시다.

1. 3~4명이 한 조가 되어 다음 주제 중 하나를 고른 뒤 묻고 대답해 봅시다.

- 소집단 활동
- 각 소집단별로 한 가지 주제를 선택해서 먼저 주어진 질문에 대한 자신의 의견을 이야기해 보도록 한다.
- 주어진 질문에 대한 의견 말하기가 끝나면 각자 다른 질문을 생각하게 한 뒤 묻고 대답하게 한다
- 자신의 의견을 말할 때 앞에 있는 상황 표현을 참고하여 말하게 하며 마지막으로 각 소집단의 의견을 정리하도록 하게 한다.
- 소집단별로 이야기한 내용은 다음의 체크리스트로 점수를 매기며 이를 사전에 학생들에게 설명한다.

2. 이야기 한 것을 정리해서 발표해 봅시다.

- 전체 활동
- 각 소집단별로 이야기한 내용을 정리해서 대표자가 발표하게 하며, 체크리스트를 토대로 각 소집단의 발표를 평가하여 학생들에게 피드백을 준다.

■ 교사 체크리스트

평가 내용	평가점수				
	5점	4점	3점	2점	1점
● 집단의 의견을 종합적으로 잘 정리해서 말하였나?					
● 내용이 논리적이었나?					
● 다양한 관점에서 바라 보았나?					
● 유창하게 말하였나?					
● 표현이 정확하였나?					

활동 Ⅲ **미래에는 무엇이 유행할 것 같습니까? 무엇이 유행할지 상상해서 말해 봅시다.**

- 전체 활동
- 제시된 것이나 그 밖의 것 중의 하나를 골라 미래에는 어떤 것이 유행할지 상상해 보게 한다.
- 보기와 같이 발표하게 한다.

제20과

활동 Ⅰ **현대에 새로 나온 물건이 우리 생활에 가지고 온 좋은 점과 나쁜 점을 이야기해 봅시다.**

- 전체 활동
- 현대에 나온 물건 중 긍정적인 결과와 부정적인 결과, 양면을 가지고 있는 물건들에 대해 논의하여 '발전' 이 가져온 두 가지 영향을 생각해 보게 한다.
- 원 그림 안은 전자제품 영역, 자동차 영역, 각종 생활용품 영역으로 구분되어 있으며, 학생들로 하여금 제시된 것 이외에 더 많은 물건들을 생각하게 한다.
- 한 가지 물건을 선택하여 그것의 긍정적인 면과 부정적인 면을 모두 말하게 한다.

활동 II 다음 주제로 자신의 의견을 주장해 봅시다.

- 전체 활동
- 이번 활동은 토론 상황이지만 의견을 주장하는 활동이므로, 교사가 사회자가 되어 토론 진행을 돕고 학생들은 찬성, 반대로 나눈다.
- 상황 표현을 참고하여 의견을 주장할 때 적절한 표현을 사용하도록 지시한다.
- 먼저 학생들에게 주제를 설명하고 시간(3분 정도)을 주어 찬성이나 반대 입장을 가지게 한다.
- 나누어진 찬성팀과 반대팀을 팀별로 앉게 하고, 시간을 주어 찬성과 반대 이유를 정리하게 한다. (시간은 10분 정도, 이유는 3개 정도)
- 다음의 체크리스트로 점수를 매기며 이를 사전에 학생들에게 설명한다.
- 토론을 시작하고, 교사는 사회를 맡아 진행을 원활하게 하고 체크리스트를 토대로 학생들의 토론을 평가하여 학생들에게 피드백을 준다.

■ 교사 체크리스트

평가 내용	평가점수				
	5점	4점	3점	2점	1점
● 적절한 상황 표현을 사용하였나?					
● 주장을 말할 때 논리적이고 이유가 명확하여 설득력이 있었나?					
● 토론 진행에 협조적이었나?					
● 유창하게 말하였나?					
● 표현이 정확하였나?					

활동 III 우리의 미래는 어떻게 달라질까요? 50년 후 우리의 생활에 대해 상상하여 이야기해 봅시다.

- 전체 활동 또는 소집단 활동
- 미래에 대한 전망에 대해 의견을 말하게 하는 활동이다.
- 상반된 전망을 보여주는 예 네 가지에서 두 가지를 선택하여 그렇게 생각하는 자신의 입장과 이유를 말하게 한다.
- 반의 수준과 남은 시간에 따라 여러 가지를 선택할 수 있다. 그러나 상반된 입장을 동시에 선택할 수 없음을 유의시키고, 그밖에 다른 전망이 있으면 그것도 말해도 좋다는 것을 학생들에게 알린다.

어휘 색인

■ **참고**

10과 활동 I : 타가미 요코(2004), 새댁 요코짱의 한국살이(만화 p.14, p.132), 도서출판 작은 씨앗